DESPERTE O SEU POTENCIAL PARA UMA VIDA INABALÁVEL

A FORÇA *da Fé*

EDITORA
CHAVE MESTRA®

EDITORA
CHAVE MESTRA®

Av. Marcos Penteado de Ulhoa Rodrigues, 1119 – Tamboré, Barueri-SP
Ed. Office Shopping Tamboré – Andar 21 – Sala Chave Mestra
CEP: 06460-040

@editorachavemestra
editora@editorachavemestra.com.br
Acesse: www.editorachavemestra.com.br

A força da fé:
desperte o seu potencial para uma vida inabalável

Direção editorial: Raquel Medeiros
Coordenação editorial: Bartira Costa Neves
Assistente editorial: Eloiza Andrade e Larissa Robbi Ribeiro
Revisão: Híllona Anjos
Projeto gráfico e diagramação: Daniel Marchesani
***Branding* de capa:** Izzo Medeiros

O conteúdo desta obra é de total responsabilidade dos autores e não reflete necessariamente a opinião da editora.

Dados Internacionais de Catalogação na Publicação (CIP)

Vale, Rogério (Organizador)
V149 A força da fé: desperte o seu potencial para uma vida inabalável / Rogério Vale (org.) – Barueri, SP: Chave Mestra Editora, 2024.
224 p.: 16 x 23 cm

ISBN 978-65-5496-027-4

1. Desenvolvimento pessoal. 2. Espiritualidade. 3. Vida Cristã.
4. Prosperidade. 5. Inteligência espiritual. 6. Fé. I. Título.

CDD 158.1

DESPERTE O SEU POTENCIAL PARA UMA VIDA INABALÁVEL

A FORÇA *da Fé*

SUMÁRIO

A FORÇA *da Fé*

Prefácio

Quando iniciei a busca por autores para este livro, jamais imaginei que vivenciaria histórias de vida de pessoas tão especiais. Não fazia ideia do tesouro guardado, que foi sendo revelado por meio de verdadeiros testemunhos da obra de Deus em suas vidas. Me admirei, me encantei, mas principalmente senti uma profunda gratidão por conhecer essas histórias de fé, corações quebrantados, famílias restauradas, superação de perdas e vida representada por milagres de nascimentos de filhos amados e desejados. Não tenho dúvidas que a escolha dos coautores dessa obra foi uma direção divina, e isso ocorreu porque a cada um foi dado o dom de contar sua história. Neste momento, me percebo emocionada revivendo os momentos de construção desta obra da qual me apresento como idealizadora, me colocando humildemente com os autores, como pessoas comuns que sobreviveram a grandes desafios.

A força da fé surgiu como resposta de oração, tomou grandes proporções mesmo antes da edição deste livro. Fé é ver o que não existe como se já existisse, é viver como se tudo fosse milagre. A vida é um milagre. Deve ser celebrada diariamente, independentemente das circunstâncias e pequenas mudanças de comunicação que farão grande diferença no dia a dia daquele que decidir agir rumo aos seus sonhos. Da mesma forma, a pedra jogada na lagoa tranquila cria círculos que se alargam, comprovando que as menores coisas vistas depois de algum tempo, fazem as maiores diferenças.

É isso que este livro fará por você. Ele não mudará sua vida de imediato, mas será uma inspiração para mudá-la ao longo do tempo,

A FORÇA *da Fé*

pois os segredos revelados aqui têm o objetivo de direcionar para uma busca diária de intimidade e dependência do Senhor. Quando conhecemos a história de alguém, nos tornamos herdeiros de sua sabedoria. Eis relatos de plantações que tiveram Deus como destinatário. Palavras usadas para unir pessoas e não para separar, que confirmam a nossa fé. Como cristãos, devemos acreditar e não duvidar.

Onde há fé, há milagre.

RAQUEL LÚCIA BARÉA

Mãe, avó, empresária, palestrante, mentora, especialista em pessoas. Filha amada da Pai, única e especial.

raquelbareamentora

Aline Fernandes

Sou Aline Fernandes, natural de Laranjeiras do Sul/PR. Resido em Cascavel/PR com a minha amada família: meu marido Cleber Ganassini, com quem sou casada há dois anos, e minha filha Alice Camatti de 7 anos. Estamos vivenciando também a doce espera do Murilo.

Sou mentora, escritora, *Life* e *Business Coaching*, analista de perfil comportamental e analista de competências. Também sou proprietária da empresa 4Person Soluções em Gestão de Pessoas. Tenho mais de cinco mil vidas impactadas pelo meu trabalho em desenvolvimento de pessoas.

Também sou graduada em Psicologia desde 2012 e especialista em Recursos Humanos.

Com humildade e sabedoria, entendi que qualquer situação da nossa vida pode ser vencida.

alinefernandes_mentora
4personsolucoes
+55 (45) 99926-1255
alinedematto@gmail.com
Aline Fernandes

A FORÇA *da Fé*

A HISTÓRIA DE FÉ DA PEQUENA ALICE

1

Jesus olhou para eles e respondeu: "Para o homem é impossível, mas para Deus todas as coisas são possíveis" (Mateus 19:26).

Você tem esperança? De fato acredita que Deus está acima de tudo? É assim que inicio este capítulo e trago para vocês uma inspiração de fé e vitória. Primeiramente, peço que você, leitor, ao vivenciar esse relato – e imagino que irá mesmo vivenciar – que seja feito com muito respeito e amor, sem julgamentos, pois somos todos humanos e passíveis de cometer algumas falhas em nossa vida. Agora que estamos bem alinhados, lhe convido a embarcar em uma história repleta de aprendizados e vitórias.

No terceiro dia do mês de março de 2017, nasceu a pequena Alice, uma criança cheia de vida, uma perfeita e doce menina, esbanjando saúde e alegria para todos à sua volta. Mesmo diante de tanta alegria, não esqueço o dia em que meu mundo desabou. Estava cozinhando um feijão fresquinho naquele dia – posso ainda sentir o cheiro dele – e preparando um almoço com muito carinho para nossa família, quando a clínica, que nos atendeu poucos dias antes, telefonou, dizendo que os exames da Alice estavam prontos e o médico nos esperava em seu consultório com urgência. Com um aperto no coração, almoçamos rapidamente e logo fomos para a consulta. Nesse momento, recebemos a notícia que eu mais temia, a Alice estava com um câncer raro, agressivo e que havia se espalhado muito rapidamente por seu corpo, com um total de, aproximadamente, sete tumores. Ela tinha apenas 5 meses de vida. Sim, 5 meses.

Quando me perguntam o que passou em minha cabeça e em meu coração naquele momento, só consigo responder: "Meu mundo desabou". Eu chorava muito, não me lembro das pessoas à minha volta e por nenhum minuto queria ficar longe da minha menina. Eu a abraçava forte, enquanto minhas lágrimas caíam. Tive apenas uma noite com ela e depois viajamos para São Paulo, atrás de um especialista nesse tipo de câncer, chamado neuroblastoma. Nessa noite, eu cantava músicas de ninar para ela, pois não sabia se teríamos outras noites juntinhas assim para que eu pudesse cantar para ela. Como um anjo, o médico nos direcionou para um tratamento seguro em seu próprio hospital. Enquanto viajávamos, com um orgulho tremendo que tomava conta de mim, eu questionava muito a Deus: "Por que a minha filha? Por que, meu Deus? Eu pedi que fosse tudo perfeito, por que estamos passando por isso?". Sem fé e humildade alguma, eu o questionava, como se pudesse acontecer tal infelicidade com outra família, mas não com a minha. Após chegar ao hospital e vivenciar alguns dias daquela realidade, eu entendi que estava completamente errada.

Apesar do câncer da Alice ser tão agressivo, ela tinha possibilidade de cura, o que não era realidade para muitas crianças e mães presentes naquele local. Algumas famílias estavam ali apenas esperando o dia da morte de seus filhos. Isso foi um choque para mim. Caí em si, e pensei: "Meu Deus que orgulhosa eu sou. O que eu estou fazendo? Ao invés de agir com fé e ter esperança, fico murmurando, chorando e reclamando o tempo todo". Daquele momento em diante, parei de questionar, busquei olhar de forma positiva para o tratamento, sorrir para a Alice todos os dias e agradecer ao Pai pela possibilidade de cura. Busquei ajudar algumas mães que estavam lá e ser inspiração para aquelas vidas. Mas, ter humildade, coragem e fé é uma prova diária, eu não estava pronta.

Deus continuou me enviando provações para ver se, de fato, eu acreditava que para Ele todas as coisas eram possíveis. Nesse período de quatro meses de tratamento da Alice, perdemos minha querida avó materna. Uma dor tremenda para minha mãe e toda nossa família; um momento de superar todo aquele sofrimento e novamente ter muita fé. Pouco tempo depois, após a última quimioterapia da Alice, recebemos alta temporária do hospital e tivemos a possibilidade de voltar ao Paraná, para passar as festas de final de ano com a família. Logo após o Natal, ainda no ano de 2017, comemoramos a data com a família de meu esposo. Ele, meu companheiro e pai da Alice, teve uma complicação vinda de uma gripe e de forma extremamente rápida, em menos de treze horas de internamento, veio a falecer. Aos 31 dias daquele mesmo mês e ano, fizemos o sepultamento, e, dois dias depois, precisávamos estar novamente em São Paulo para dar seguimento ao tratamento.

Nesse momento, percebi que eu ainda não estava de fato agindo como uma pessoa de fé. Voltei a questionar Deus e o mundo sobre o porquê aquilo estar acontecendo na minha vida, sobre o porquê de tanta dor, e agora, sozinha na caminhada; pois eu não entendia que não estava sozinha, que Deus estava comigo o tempo todo. O orgulho voltou a tomar conta e, junto com ele, a falta de fé e coragem.

Hoje, eu posso dizer que fugir de um problema ou um desafio na nossa vida é sintoma de fraqueza e covardia. O propósito que Deus tem para nós é muito maior e mais forte que qualquer outra situação. Com muita honra, agradeço a todos os meus familiares que estiveram comigo naquele momento e não soltaram a minha mão, nem por um segundo, e todos aqueles que ajudaram na arrecadação solidária e na rifa que fizemos para nos mantermos naquele período. Semanas depois, recebi a notícia que a Alice estava curada e que poderíamos voltar a ter uma vida normal.

Voltamos para nossa cidade, arrumei um emprego e coloquei a Alice em uma escola, tudo indicava que teríamos um recomeço, um lindo recomeço. Tudo se encaminhava bem, até que a Alice teve uma complicação de saúde, devido uma gripe, se transformando em uma grave pneumonia. Foram muitos dias de UTI e, novamente, Deus estava me testando frente a minha fé. Foi nesse momento que eu entendi tudo. A saúde da Alice estava muito prejudicada, ela teve derrame pleural e, devido a isso, seu corpo todo começou a inchar e até mesmo a sonda que ia até o pulmão não estava dando conta, devido a tanta secreção. Fizeram uma nova cirurgia para trocar a sonda que ia até o pulmão, colocando uma sonda de tamanho adulto nela.

Nesse estágio, a Alice não reagia, não conseguia respirar sem aparelhos e seu corpinho estava enorme de tão inchado. Ela acabou tendo uma parada cardíaca na cirurgia, mas reagiu logo em seguida. Nesse momento, um ser de luz deixou um testemunho sobre a mesa do quarto de UTI, e esse testemunho contava a história de uma família que havia passado pela mesma situação que nós estávamos passando. Essa família contou que a cura de sua filha foi sua fé. Eles, de fato, entregaram a vida daquela criança nas mãos de Deus. Confiaram plenamente nEle e pediram que Ele fizesse o que fosse da Sua vontade.

Nesse momento, eu entendi, Deus falou comigo por meio da história daquela família, disse que eu precisava confiar e que confiar significava me entregar e entregar a vida da minha filha a Ele. Assim que tive consciência da situação e do que poderia salvar minha filha, fui até um crucifixo na frente da UTI e depois a um altar, entreguei a vida dela, falei com Deus e pedi que fizesse o que fosse de Sua vontade. E Ele fez. Um dia depois, a Alice começou a reagir, o que não acontecia há dias; foi mostrando sinais de melhora, até que voltou a respirar sozinha e se recuperou.

O ensinamento que o Pai tem para a nossa vida é tão grande que, se ouvirmos com sabedoria as Suas palavras, entenderemos que não precisamos de mais nada. Deus sempre esteve conosco, em cada momento, e é isso que você precisa entender. Ele está sempre conosco e não deixará que nenhum mal caia sobre nós, porém precisamos acreditar nisso e entregar o nosso coração a Ele. Não importa o quanto precisamos do amor dEle, Ele sempre se fará presente, basta acreditarmos e clamarmos por seu amor.

Por algum momento, você já se viu em uma situação semelhante à minha? Percebeu que o orgulho estava te cegando e tomando conta de você? Eu acredito que sim, e meu objetivo aqui, com o meu testemunho e a minha história de vida, é mostrar a você que, para Deus, todas as coisas são possíveis. Reflita sobre seu momento, avalie se você está andando pelo caminho do bem, pelo caminho de luz, ou por estradas obscuras, que nos levam para longe da presença do Pai. Tenha consciência plena do momento em que está passando em sua vida e não espere, como eu, tanto sofrimento para só assim entender que Ele é mais. Ele é muito mais.

Para você entender ainda mais, um ano e meio após esse último episódio que a Alice enfrentou, seu câncer retornou. Mas diferente dos outros desafios, com sabedoria, inteligência emocional, fé e coragem, encaramos de frente. Meu objetivo era transmitir alegria, boas energias e muita confiança para ela. Foi muito mais fácil e rápido, pois o câncer voltou benigno e possível de ser retirado por meio de uma cirurgia. Algo que é raro de acontecer; esse tipo de câncer tende a voltar maligno, na grande maioria dos casos, mas a Alice recebeu essa benção e eu sei por que Deus nos presenteou dessa forma, pois agora compreendo que Ele está acima de tudo e seu amor é maior que qualquer obstáculo.

Isso se chama a força da fé. Eu acredito nEle e acredito que Ele é o princípio de tudo. Posso dizer que desde 2019 a Alice está esbanjando saúde e com a cura em seu corpo. Quando eu falo "Confie", eu digo "Creia que o Senhor tem o poder para transformar a sua história".

E como uma benção ainda maior, Deus nos presenteou com um pai e parceiro maravilhoso em nossa vida. Hoje, a Alice pode dizer que, além de Deus, ela tem outros dois pais, um que cuida dela lá de cima, que pode ser visto como uma estrelinha, e outro que cumpre seu papel de pai, mesmo que de coração, mas com maestria, aqui na Terra. Ele veio para somar, cuidar e transmitir amor em nossas vidas. Minha honra e gratidão ao meu amado marido, Cleber.

Nunca estamos sozinhos. Nunca! Acredite! Deus está nas pessoas, Deus está nos detalhes, Deus está em tudo. Que esse relato possa abençoar sua vida, guiar seus caminhos, e que você entenda a importância da humildade e da confiança em Deus para alcançar seus objetivos.

Desejo o extraordinário para sua vida.

Com amor,

Aline

"Fugir de um problema ou de um desafio na nossa vida é sintoma de fraqueza e covardia. O propósito que Deus tem para nós é muito maior."

ALINE FERNANDES

Andréia Cruz

Eu sou, Andréia Cruz, tenho 48 anos, natural de Maringá/PR. sou a filha caçula do casal Moacyr e Catarina, moro com meus filhos: Igor (19 anos), Maria Eduarda (16 anos) e Davi (8 anos).

Sou filha amada de Deus, mãe, empresária, especialista em locação de imóveis, com mais de 27 anos de experiência. Amo o que faço, eu não só alugo imóveis, eu realizo sonhos e presto assessoria a locatários e locadores, são mais de dois mil imóveis locados.

Enfrentei muitos desafios e provas e foi também com eles que aprendi que somente eu poderia mudar a minha história. Sou muito grata a tudo que passei, afinal de contas, passou.

Meu maior desejo é ver meus filhos no caminho do bem, trabalhando em algo que se realizem, encontrem um grande amor e formem uma família feliz.

+55 (44) 99863-0585

andreiapcruz__

A Força da Fé

NA DIFICULDADE, EU ENCONTREI MINHA MELHOR VERSÃO

2

Por Andréia Cruz

Quando eu nasci, meu pai trabalha com trator de esteira em um aterro sanitário (lixão), minha mãe e meu irmão catavam recicláveis e minha irmã cuidava da casa. Nós morávamos a uns 500 metros do aterro e, com a venda desses recicláveis, eles juntaram dinheiro e compraram uma casa.

Quando fiz 5 anos, mudamos para a cidade; aos 14, fazia curso de datilografia, a professora ia se desligar e me indicou para ficar no lugar dela. Eu trabalhava das 8h às 11h, estudava das 13h às 18h e voltava a trabalhar das 19h às 22h. Depois trabalhei em uma loja de xerox, fui promovida à auxiliar de escritório, trabalhei em autopeças, até que, em 1994, eu conheci o ramo imobiliário, tive um grande mentor, Sr. José Amadeu Neto (*in memoriam*), uma pessoa que, com muita paciência e amor, me ensinou tudo que aquela cabecinha branca tinha de experiência e sabedoria, fiquei apaixonada pelo ramo.

Nessa mesma época, comecei a namorar, fiquei noiva, compramos o material para construirmos nossa casa nos fundos da casa dos meus pais. Alguns dias depois, encontrei ele no shopping de mãos dadas com outra. Chorei, sofri horrores, mais a vida seguiu. Dois anos depois, conheci uma outra pessoa, galanteador, do tipo que dava flores, muito romântico, me casei com ele. Foi uma festança para oitocentas pessoas, um sonho, que durou apenas seis meses, ele conseguiu, nesse tempo, cheirar um carro meu, sujar meu nome e ainda por cima peguei ele na minha cama com outra. Mais uma decepção! Eu fui tão inocente que namorei um ano e oito meses e não percebi que ele usava drogas. Depois de algum tempo, participando da Igreja, resolvi perdoá-lo. Três meses depois, ele engravidou outra mulher. Mais uma vez, Deus me pegou pelas mãos, me fortaleceu e me fez entender que era livramento. Eu não deixava nada me abalar, me apegava com Deus e fazia o que eu melhor sabia fazer: trabalhar.

A vida continuou o tempo passou, eu sempre falava que quando eu fizesse 30 anos ia ter um filho por independência própria, era meu sonho. Aos 29 anos, conheci um rapaz e com seis meses já estava grávida e morando com ele. Mais uma decepção, pois me casei com um alcoólatra. Se eu tivesse o discernimento que eu tenho hoje, talvez não tivesse passado por tanta dificuldade. Eu não o deixei ter responsabilidade, não pagava aluguel, água, luz; eu deveria esperar ele ter uma atitude, mas eu assumi o papel do homem da casa. Com isso, ele se acostumou e as brigas eram constantes e cada vez mais pesadas. Quando eu estava com seis meses, ele me agrediu, fiquei uma semana internada.

Com 7 meses, meu filho nasceu, prematuro, com 1.950 gramas, precisou de incubadora, UTI, com problemas respiratórios e icterícia, com uma semana de vida foi para o quarto. Antes dele nascer, eu sempre falava para minha mãe que só iria dar banho quando caísse o umbigo dele, eu não deixava minha mãe fazer nada, eu só precisava saber que ela estava ali, do meu lado com sua presença e amor.

Saímos do hospital, fui para casa dos meus pais. O pai da criança ficou uma semana bebendo, comemorando o nascimento do filho. Eu acabei me separando, fiquei sozinha com um bebê recém-nascido. Tive muita dificuldade em encontrar um pediatra, até que consegui uma consulta com a Dra. Lorena Barbieri, um anjo que Deus colocou na minha vida e do meu filho. Quando cheguei lá, meu filho estava com 1.550 gramas, não estava ganhando peso. Ela receitou um leite especial para bebês prematuros, disse que eu desse banho um dia sim outro não. Ela o acompanhava duas vezes por semana, até ele se desenvolver melhor.

Quando meu filho estava com 4 meses, eu descobri que precisava refazer minha cirurgia bariátrica. Minha mãe estava com depressão, não tinha como cuidar de mim e do meu filho. E agora, o que eu ia fazer? Minha cunhada tinha feito uma cirurgia do joelho, foi quando meu irmão levou todos nós para casa dele e chamou minha tia Cleusa para nos ajudar. Fiquei quatro meses me alimentando através de sonda. Nesse momento, eu pensava Senhor eu não quero ser magra, só quero ficar viva para ver meu filho crescer. Foram dias muito difíceis, mas com a graça de Deus venci mais uma luta.

Com tudo isso, fiquei oito meses sem trabalhar. Quando voltei, me colocaram para fazer um serviço que eu não gostava, então pedi as contas, depois de cinco anos de empresa. Fui convidada para gerenciar uma imobiliária em Astorga/PR, cidade vizinha, me mudei para lá e deixei meu filho com minha mãe. Era uma cidade pequena, onde eu não conhecia ninguém, me sentia muito sozinha, meu ex-marido começou a me visitar. Não consegui ficar longe do meu filho, voltei para minha cidade e grávida de novo, mais uma vez passei por toda humilhação. Agora era pior, porque ele bebia, chegava em casa todo ralado, isso quando os amigos (se é que podem ser chamados assim) o deixavam caído na calçada. Foram várias idas e voltas, até ficarmos anos separados.

Quando minha filha completou 8 anos, em um dia de muito frio, ela veio chorando me pedindo para ir atrás dele. "Mamãe, no frio as pessoas que vivem em situação de rua morrem de hipotermia". Eu fui atrás dele, até encontrar, levei-o para casa, comprei roupas, cuidei e quando ele ficou melhor, foi embora.

Nessa época, eu trabalhava em uma imobiliária bem-conceituada na cidade, até que veio um gerente de fora para assumir a empresa e trouxe todos os colaboradores dele e me demitiu. Logo já comecei em outra, até mesmo porque eu tinha que trabalhar, pois tinha dois filhos que dependiam de mim. Tudo foi sempre muito difícil, meu psicológico não era bom, minha carga e responsabilidade eram muito pesadas. Nessa empresa, eu implantei todo o sistema e quando fez quatro meses que eu estava lá, eles me demitiram também. Fiquei desesperada. E agora, o que eu ia fazer? Como eu ia pagar as despesas de casa? Mais uma vez era Deus com sua mão protetora me livrando e me protegendo. A empresa dormiu e não acordou, o responsável levou todas as coisas e nunca mais apareceu, muitas pessoas foram lesadas.

Em final de ano, nenhuma imobiliária contrata, porque sai de férias coletivas. Eu tinha que trabalhar no que aparecesse, várias vezes cortavam a água, a luz a ponto de levar o relógio embora. Eu sempre falava para meus filhos que o que acontecia em casa, ficava em casa. Até que arrumei emprego em uma empresa responsável pelo estacionamento do shopping, eu que sempre trabalhei sentadinha, no ar-condicionado, tinha que trabalhar 12 horas em pé e andando. Tinha que usar sapatilha preta, eu só tinha uma que machucava meu pé, ela fez bolhas e enquanto não virou calo, não parou de doer. Eu tomava remédio para dor, até o corpo se acostumar. Eu quase não via meus filhos, meu horário de trabalho era das 13h à 1h da manhã.

Um dia, fui em um barzinho e conheci um rapaz, começamos a nos relacionar. Ele era muito educado, puxava a cadeira para eu me sentar, abria porta do carro para eu entrar. "Agora sim, arrumei a pessoa certa". Pedi as contas, porque iria ter uma pessoa para me ajudar financeiramente em casa; fui trabalhar de caixa em uma loja de celular, o relacionamento durou oito meses, ele foi embora e, pasmem, eu descobri que eu estava grávida de cinco meses, com 41 anos de idade, quase morri.

Uma amiga tinha aberto a própria imobiliária, ia sair de licença-maternidade e precisava de alguém para cuidar da empresa. Quando entrei lá, ela tinha trinta imóveis. Eu pegava as crianças na escola, colocava no carro e saía para angariar imóveis para alugar. Dois anos depois, quando saí, deixei ela com 183 imóveis.

Eu tive uma depressão muito forte, pedi as contas, sozinha, com três filhos na minha casa. Não tinha nada que prestasse, guarda-roupas sem portas, armários de cozinha caindo, com três meses de água e luz sem pagar. Foi quando eu tive que pedir ajuda aos meus familiares. Nessa época, minha irmã e meus pais me ajudaram muito.

Como eu sou filha de Deus Pai Todo-Poderoso e pelo amor que teu tenho aos meus filhos, eu não podia me entregar, foi quando eu enviei três currículos para imobiliárias e as três me chamaram, eu pude escolher onde trabalhar. Ali era o recomeço que eu tanto pedia a Deus, era uma empresa que já estava alguns anos no mercado, mas não trabalhava com locação de imóveis, 8 meses depois, eu me tornei sócia da locação.

Investi em conhecimento, fiz vários cursos, participei de palestras, fiz mentoria com uma pessoa maravilhosa, que me ensinou a gostar de mim como eu sou. Aprendi a me valorizar como pessoa e como profissional, voltei a usar meus brincos grandes que sempre gostei, unhas sempre feitas, maquiagem, enfim, recuperei minha autoestima.

Eu me realizei quando fiz uma festa linda de 15 anos da minha filha e de 18 do meu filho. Foi tudo muito lindo, com o vestido dela maravilhoso, como ela sempre sonhou; meu filho com o terno combinando e a valsa foi com meu pai. No final, eu fiz uma homenagem no telão, agradecendo ao pai dos meus filhos, por ele ter me dado os melhores presentes que eu tenho hoje.

Dois meses antes da entrega meu capítulo, o homem mais importante da minha vida faleceu, meu pai, que viveu 60 anos ao lado da minha mãe. Um avô incrível, uma pessoa que não desfazia de ninguém, era muito amado e querido. Os últimos sete meses da vida dele foram em uma cadeira de rodas, mas sempre feliz e confiante que ele iria voltar andar e dirigir a caminhonete dele, uma F1000, ano 82. Com ele eu aprendi o quanto a vida é boa e deve ser aproveitada ao máximo, meu pai viveu intensamente, tenho certeza de que ele está em um bom lugar vendo, sentindo o quanto ele foi amado e querido.

Antes, eu só reclamava, era a "coitadinha, sozinha, com três filhos". Hoje, eu continuo sozinha com três filhos, mas consigo enxergar o lado bom de tudo, parei de focar as coisas ruins e valorizar as coisas boas.

Espero que, de alguma forma, um pouquinho da minha história de vida possa ajudar e dar esperanças de que dias ruins sempre passam, que as colheitas nem sempre são fartas, mas que sempre teremos a oportunidade de um novo amanhã.

"Com as dificuldades e os problemas, eu aprendi a ser forte e entendi que reclamar não iria resolver nada, pois somente eu poderia mudar meu destino."

Andréia Cruz

Angela Ribeiro

Sou Angela Ribeiro, filha amada do Deus Altíssimo, mãe, pastora, empresária. Foram mais de 24 anos a serviço do Reino de Deus como missionária e pastora.

Simultaneamente, atuei em vários trabalhos na área comercial e hoje atuo em minha própria empresa como consultora financeira, autorizada da maior administradora de consórcios independente do Brasil.

Continuo escrevendo minha história dia após dia, apesar de todos os acontecimentos tristes e inesperados que me sobrevieram como consequência da pandemia de covid-19.

Creio que, com fé em Jesus, o meu "nada" nas mãos de Deus é o milagre que preciso.

+55 (44) 99872-5036
angela_ribeiro

A Força da Fé

COLOQUE SEU "NADA" NAS MÃOS DE DEUS

3

Por Angela Ribeiro

Quando nos deparamos com situações difíceis, como uma enfermidade, uma separação, a morte, ou qualquer coisa que nos tire o chão, nos sentimos vulneráveis, perdidos, achando que é o fim de tudo. Digo isso porque não foi fácil sentir tudo isto, viver uma estação assim. Vem um monte de sentimentos de fracasso, abandono, rejeição, impotência, crises de ansiedade.

Parece que vamos morrer, que não vamos dar conta de sobreviver a toda essa situação. Mas não é o fim. Não desista, confie. Deus está no controle de todas as coisas, ainda que, humanamente, não vejamos saída no momento. O Salmo 139:16 diz que "todos os nossos dias foram escritos no livro de Deus, antes deles existirem. Pois nEle vivemos, nos movemos existimos" (Atos 17:28). Resumindo minha história, espero que entenda aonde desejo chegar.

Me chamo Ângela, sou a terceira filha da Maria e do João. Eles ficaram felizes e, ao mesmo tempo, com medo, quando descobriam que eu estava a caminho, pois já haviam perdido dois filhos antes de mim, que nasceram e faleceram em seguida. Mas Deus cuida de detalhes, e cá estou eu (risos).

Tive meu encontro com Jesus em 1994. Em 1997, conheci meu futuro esposo, o Robinson e, como Deus é especialista em alinhar propósitos, nos casamos em 1999.Três meses depois, servindo voluntariamente, fomos viver em uma casa de recuperação para adictos, onde o Robinson havia conhecido Jesus. Que loucura começar uma vida de casados assim, não é?

Deus forja e trabalha o caráter daquele que deseja aperfeiçoar para que o Seu propósito se cumpra em nós. Após servirmos ali por dois anos, resolvemos voltar para nossa cidade, agora com nossa filha Ana Caroline, de um ano, e continuamos a servir nossa Igreja local. Em 2003, fomos enviados a viver mais um desafio: pastorear uma Igreja em Cambé/PR. Eu tinha 24 anos e ele, 27. Mais uma vez sendo forjados, tratados e aprendendo a ser dependentes de Deus. Ele realmente não brinca quando deseja usar alguém.

Passados três anos, ainda por falta de maturidade em algumas áreas, e talvez por não conseguirmos entender alguns processos naquele momento, decidimos voltar novamente para nossa cidade. Tudo o que havíamos vivido até esse período era muito desafiador para um casal recém-casado, com uma filha pequena. Tudo muito novo. Devido à nossa inexperiência, não conseguimos administrar algumas situações, surgindo assim muitas frustrações.

Onze anos mais tarte vivemos nosso primeiro tsunami. Conheci meu esposo no seu primeiro amor, queimando por Jesus. E, de repente, o vi recair nas drogas. Tudo novo e desafiador para nós, mais uma vez. Pude vê-lo vulnerável, perdido, frustrado e dependente outra vez. Confesso que me senti perdida naquele momento, sem saber o que fazer e como ajudar, não somente a ele, mas nosso casamento, nossa família. Nessa época, surgiu a oportunidade de irmos morar em Madrid (Espanha). Achávamos que naquele momento, mudando nossa geografia, tudo mudaria. Deixaríamos nossos problemas para trás. Grande engano, isso não acontece.

Os problemas só se resolvem quando os tratamos e nos permitimos ser tratados. Mudanças não são fáceis, mas são extremamente necessárias para avançarmos rumo ao nosso destino. E lá estávamos nós, em um novo país, novas amizades, novos trabalhos, mas com os mesmos problemas. Foram sete anos de altos e baixos. Houve momentos em que estávamos muito bem, trabalhando, frequentando uma igreja; e outros, em que ele se perdia nas drogas. Quando resolvemos nos mudar para Madrid, achávamos que seria a solução, que tudo iria melhorar, porém a realidade foi totalmente outra. As drogas eram bem mais variadas e acessíveis. Vi muitos casamentos, famílias, ministérios sendo destruídos.

Houve momentos em que pensei em desistir, mas sempre ouvi uma voz dizendo "Não desista, aguenta um pouco mais, não é o fim". E quando já não estava mais aguentando, sem força emocional e nem física, me agarrava nessa voz, que me dizia para não desistir. Em 2012, fomos passar as férias de agosto em Lisboa (Portugal) na casa de amigos. Dias perfeitos, preparados por Deus para nós como família. Deus sempre faz mais do que pedimos ou pensamos, assim Ele é.

Fomos convidados a participar de um culto em uma igreja bem singela, com pessoas que nunca tínhamos visto antes. Ali Deus falou profundamente com o Robin, que "tudo se faria novo de novo, as coisas velhas ficariam para traz, e Ele estava restaurando seu ministério". Então, ele me disse: "Amor, vamos voltar para o Brasil". Apesar de não ter acreditado muito nele, coloquei minha confiança no que Deus tinha falado.

De volta ao Brasil, em fevereiro de 2013, nós quatro desembarcamos em Maringá/PR, para viver o novo de Deus, nos próximos anos, como família. Ah! Já não éramos mais três e sim quatro. Nosso tempo na Espanha não foi só de lágrimas. Tivemos também muitas alegrias e uma delas foi a chegada do nosso segundo filho, o Henry, que nasceu em fevereiro de 2010, em Getafe, Madrid. E sim, Deus fez tudo novo de novo, trabalho, ministério, amigos.

Nesse tempo, Deus continuou nos forjando, tratando e, algumas vezes, espremendo, nos passando pela prensa, porque a distância entre nós e nosso destino é o processo que escolhemos não pular. Os desafios fazem parte da nossa caminhada. Vencê-los, a cada dia, nos torna mais fortes e nos coloca mais perto do nosso destino. Começamos a frequentar uma nova igreja, passamos por todo processo necessário para crescer e avançar rumo ao nosso chamado.

E lá fomos nós, em 2016, sendo enviados como família para pastoreamos a Igreja Bola de Neve, na cidade de Umuarama. Um novo ciclo. Novos desafios. Dispostos a viver o chamado de Deus para nossas vidas. Entregamos para Ele nossos sonhos, para vivermos os dEle.

Até a mudança definitiva, ficamos quatro meses percorrendo, todo final de semana, cerca de 300 km de ida e volta, entre Maringá e Umuarama. Nesse período, várias situações conspiraram para que desistíssemos do que Deus tinha para fazer, mas nos mantivemos firmes. Confesso que o primeiro ano foi desafiador para todos nós, principalmente para mim, que era daquelas que se Deus não fizesse, eu fazia na minha força mesmo.

Aprendi que algumas situações podem nos deixar ansiosos e preocupados, mas quando cremos em Deus, podemos descansar no Seu poderoso braço. Deus é fiel e capaz de nos livrar de qualquer coisa que esteja roubando a nossa paz. Só temos que aprender a confiar nEle. Isso não significa que os filhos de Deus nunca ficarão tristes, mas que, mesmo nas situações mais complicadas, é possível confiar e descansar em Deus. Seja qual for a tempestade, você pode encontrar descanso no Senhor.

Tive que aprender a não fazer, a confiar e a esperar nEle. Eu te digo que é extremamente difícil, mas que também é maravilhoso ser cuidado por Deus nos detalhes.

Com o avanço da Igreja, fomos cada dia mais nos conectando com tudo que Deus tinha falado naquelas férias de 2012, que faria tudo novo de novo, numa proporção maior. A Igreja estava crescendo, muitas pessoas chegando, sendo transformadas por Jesus. Em 2019, mudamos a Igreja para um local maior, muitas coisas acontecendo. Mesmo com a pandemia, não paramos de crescer e avançar. Experimentamos viver na completa dependência de Deus. E chegou 2021 com grandes transformações. É meio irônico, mas a palavra para 2021, para a Igreja, foi o Ano da Transformação. E foi!

Tudo começou a mudar no dia 16 de fevereiro, quando descobrimos que seríamos pais pela terceira vez; uma mistura de felicidade, medo, insegurança. Como vai ser agora? Ser mãe aos 40, o Robin com 43 anos, dois filhos, um de 11, outro de 22 anos, uma Igreja para pastorear e no meio de uma pandemia. Mas era só o começo das transformações.

Em um dia 24, o Robin faz o teste da covid-19 e deu positivo; no dia 27 foi internado; dois dias depois, sendo entubado e uma semana depois, estávamos o enterrando. Dia 6 de março de 2021, o tsunami veio, desta vez na minha vida e família, devastando tudo ao nosso redor. Na semana seguinte, descobrimos que o bebê não chegaria. Seu coraçãozinho tinha parado de bater com 8 semanas! Em 21 dias, nossa família foi de quatro para cinco pessoas, de cinco para quatro, de quatro para três.

Com a perda do bebê, tive hemorragia, pressão baixa; meu corpo não reagia. Uma sensação horrível de estar morrendo, porém minha mente estava lúcida, eu só pedia a Deus para não me deixar morrer. O tsunami não escolhe o que vai devastar, simplesmente devasta.

Passei por dias e momentos bem difíceis, nos quais me vi muitas vezes sem direção, com muito medo de não dar conta, momentos de DRs com Deus, por coisas e situações que eu não compreendia, e, às vezes, ainda não compreendo. Mas aprendi que não é sobre entender e sim sobre confiar, mesmo sem entender.

Deus muda o curso, mas não muda o propósito.

Ele continua sendo bom.

Ele continua sendo Deus.

E eu me agarrei nisto, pois, mesmo que nosso percurso mude, os propósitos continuam, porque Ele é Deus.

Pessoas foram saindo da minha vida e outras entrando, nesse período; mudanças foram acontecendo. Mesmo que, a princípio, possa doer passar por estas mudanças, permita-se. Confiar é crer que Deus te fará entender depois, e se não o fizer, não tem problema, pois Ele continuará no controle de tudo. E, nessas novas conexões, vão surgir novos projetos, para que você continue avançando.

A Bíblia nos conta em 2 Reis 4 a história de uma mulher que colocou o **nada dela nas mãos de Deus** e teve seu milagre. Qual é o seu **nada** hoje que nas mãos de Deus será sua provisão? Quando o profeta pergunta o que ela tem, o que ela respondeu? "Tua serva não tem **nada** em casa, senão uma botija de azeite". Como não tem nada, se tem uma botija de azeite? Isto é nada? Podia não ser exatamente aquilo que queríamos entregar, mas, certamente, é aquilo que precisamos! Para nós, pode representar nada, mas se colocarmos nosso "nada" nas mãos de Deus, Ele pode realizar o milagre que necessitamos.

Não é sobre entender, é sobre confiar. Deus nunca deixa de cuidar de nós. Não podemos impedir que a tragédia chegue nas nossas vidas e tampouco saber quais serão os estragos que deixará. Mas podemos continuar crendo que Deus está no controle de tudo, mesmo quando não vemos ou não compreendemos. O novo dá medo e também é desafiador, mas não se deixe paralisar. Não deixe de avançar.

"Deus muda o curso, mas não muda o propósito."

Angela Ribeiro

Antônio Ciríaco

Sou Antônio Ciríaco, nasci em Guirapá/BA, em 26 de abril de 1950. Primogênito de doze irmãos, todos do sexo masculino. Resido em Cidade Gaúcha/PR. Sou casado há 53 anos com Maria Conceição Frederico Ciríaco, pai de quatro filhos.

Sou técnico em Contabilidade; tenho licenciatura plena nas matérias técnicas do 2º grau; sou bacharel em Administração de Empresas; sou pós-graduado em Marketing e Gestão de Pessoas. E sou aposentado pelo Banco do Brasil.

Exerci as atividades de vereador (1967/1982), chefe da 46ª Ciretran/Detran/PR (2002/2005), secretário de saúde (2005/2012), instrutor no Sesi/Senai de Paranavaí, Cianorte e Umuarama; chefe de gabinete na prefeitura (2022/2023), professor de oratória e palestrante.

+55 (44) 99888-4392

antoniociriaco

antonio.ciriaco@yahoo.com.br

Antônio Ciríaco

A FORÇA *da Fé*

A MINHA HISTÓRIA

4

Por Antônio Ciríaco

A infância

Nascido no difícil período do pós-guerra, no seco e pobre nordeste, em família muito pobre de agricultores, analfabetos, negros e sem-terra. Não conheci nem desfrutei das fantasias e ilusões que sonha toda criança. Nunca passei fome; necessidade, sim. Só vim a usar meu primeiro sapato aos 14 anos. Antes disso, usava alpercatas feitas com sobras de pneus usados e tiras de couro crú, coisas que as gerações atuais nem sequer ouviram falar.

Éramos tão humildes e vivíamos tão isolados de outras crianças que ainda hoje eu e meu irmão Alcides (Cidu) nos lembramos de nossa maior ansiedade e expectativa, que era o tempo da fogueira de São João, coisa tradicional do nordestino, quando nosso pai nos presenteava com uma caixa de traques de São João.

A obstinação e a tenacidade de meus pais nos levaram a mim e meus irmãos a vencermos o primeiro grande desafio de nossas vidas: adaptar-nos aos costumes e ao rígido frio do Sul. Aportamos em Cidade Gaúcha no dia 20 de julho de 1960, cinco dias antes da criação do município.

Somente aos 11 anos tive a oportunidade de frequentar uma sala de aula. E aí percebi a grande chance de mudar minha trajetória de vida. Senti que pelos caminhos da escola seria possível traçar rotas menos sofridas do que as trilhadas por meus pais. No convívio escolar e social, eu e meus irmãos sofremos muita discriminação por nossas diferenças sociais e culturais, no falar e no vestir. O que hoje chamam de *"bullying"* foi mais um desafio vencido para mostrar aos meus colegas e ao mundo que eu era diferente na cor e na aparência, em razão de minhas origens, costumes e tradições, mas era tão capaz e competente quanto eles.

Foi assim que minha primeira oportunidade de mostrar minhas qualidades surgiu, em um ensaio para o desfile de 7 setembro. Faltou o aluno que tocava o bumbo, o instrumento que marcava a marcha. Este aluno era o José Temístocles Muller e tinha apelido de Bolão. Na época, isso não era *bullying*. A Diretora, Dona Nicha, convocou entre os alunos alguém que quisesse assumir a função de tocador do bumbo no lugar do Bolão. Imediatamente, surgiram três alunos; destes, um já fazia parte da fanfarra e tocava um repique, chamado caixa de guerra, que era um dos instrumentos mais difíceis de tocar e, por isso, acabou ficando vago, já que o dono do repique foi tocar o bumbo. Vendo ali minha chance de entrar para a fanfarra, assumi a caixa de guerra e fui tão bem que a instrutora me efetivou no instrumento. Isso ocorreu no terceiro ano primário. Permaneci na fanfarra até o término do Ginásio, em 1968, agora tocando um bumbo naval, o maior e mais vistoso dos instrumentos da fanfarra na época.

Nos esportes, sempre fui destaque. Assim, nas aulas de Educação Física sempre dei o máximo de mim e fiz o melhor para a minha turma de "caçador/queima" e à minha equipe de futebol e futebol de salão.

Meu primeiro empreendimento foi ainda aos 12 anos, quando ganhei R$ 50,00 em uma gincana escolar. De posse dessa "fortuna", comprei os materiais necessários e construí uma caixa para engraxar sapatos. Só ia para a rua com a atividade de engraxate aos sábados e domingos, pois nos demais dias da semana tinha afazeres em casa. Essa atividade me proporcionava a condição de frequentar as matinês do domingo e por isso sempre arcava com os castigos em casa, pois os pais entendiam que esta não era uma diversão saudável.

Em 1967, nossa escola foi participar dos primeiros Jogos Estudantis Regionais, em Cianorte, a versão do que são hoje os Jogos Estudantis do Paraná. Naquela oportunidade, eu competi em uma corrida de 200 metros rasos e em arremesso de peso, sendo que nessa modalidade fui classificado em primeiro lugar, tornando-me, assim, o primeiro estudante de Cidade Gaúcha a ganhar uma medalha numa competição estudantil. O fato teve tanta relevância na época, que a medalha foi entregue em uma reunião solene do Lions Club de Cidade Gaúcha, nas dependências do Gaúcha Country Club. Nesta reunião, me lembro bem das presenças dos "leões": Dr. Alcides Correia, Gentil Geraldi, Alfredo

Rollof, Getúlio Zampieri, entre outros – além do Roberto Struckel, que foi o chefe da delegação de Cidade Gaúcha, nos mencionados jogos.

Adolescência

Ainda muito jovem, tive que ir à luta e ajudar na manutenção da família – até porque na educação de meus pais e da época errado era não trabalhar, mesmo que fosse criança. Tinha-se até um ditado: "O trabalho de criança é pouco e quem não aproveita é louco". Assim, passei por vários "eiros": padeiro, carroceiro, açougueiro, saqueiro, frentista de posto de gasolina, lavador de carros, auxiliar de cartório, auxiliar de escritório até chegar à contadoria municipal.

Nessa trajetória, tive a oportunidade de trabalhar com pessoas que forjaram meu caráter profissional e aqui faço questão de mencionar: Sebastião Rubira, Jovino Silveira Martins e Hélio Malezan – todos já falecidos –, além de Mário Valério Gazin, hoje CEO do Grupo Gazin, com quem tive o privilégio de trabalhar como ajudante de motorista, quando ainda éramos dois adolescentes.

Vida adulta

Em 1971, ainda muito jovem e inexperiente na vida, já constituí família, me casando com Maria Conceição Frederico Ciríaco, de cuja união nasceram os filhos Emerson, Éder, Kleber e Keyla, que muito me têm honrado. Todos com suas famílias já constituídas, vivendo com simplicidade, mas muita dignidade. Em 1976, me elegi vereador em uma das composições do legislativo municipal que mais marcou a história da câmara e do município. Foi a primeira, e acredito a única legislatura, até o momento, a ter três membros com formação universitária e com abertura a atuações modernas e liberais.

Em 1982, após onze anos de efetividade, decidi que deixaria a contadoria municipal para ir para o Banco do Brasil. Não que eu não gostasse do que fazia, mas tomei tal decisão por estar insatisfeito com os rumos que tomava a política municipal, além de uma violenta agressão preconceituosa, da qual fui vítima. Na época, além de contador municipal, já era também professor efetivo com nove anos de estabilidade no estado, ministrando as matérias técnicas do curso de Contabilidade. Não pretendia me abdicar das aulas, já que elas eram no período noturno.

Tomei posse no Banco do Brasil no dia 02 de dezembro de 1982 e em fevereiro de 1983 o gerente colocou sobre minha mesa uma notificação me dando quinze dias para me exonerar do estado, sob pena de minha exoneração do banco. À contragosto, pedi exoneração do estado, mas não me sentia realizado e feliz no banco, por não poder ministrar aulas. Dois anos depois, o estado lançou um concurso para a mesma escola e vaga onde eu lecionava. Fiz o concurso, passei e fiquei aguardando chamada. Quando o governador – na época Álvaro Dias – convocou para assumir, eu já estava há sete anos fora da sala de aula; decidi que não deveria mais voltar, pois já estava desatualizado e desambientado, além das dificuldades que o ensino já apresentava naquela época.

Permaneci no banco, mas sempre buscando formação e desenvolvimento, para um dia trabalhar com formação e desenvolvimento de pessoas. Sempre praticante e amante dos esportes, especialmente o futebol, em 1985 fui convidado pela administração municipal para dirigir como treinador, a equipe de futebol amador da cidade, na disputa do Campeonato Regional de Futebol Amador da Liga de Cianorte, quando conquistamos, pela primeira vez na história, o título de Campeão da Liga.

Em 2001, me aposentei no banco e logo na sequência fui convidado para fazer um trabalho de relacionamento na Associação Comercial de Cidade Gaúcha. Fui, permaneci por oito meses, até que fui convidado a assumir a chefia da 46ª Ciretran/Detran/PR, onde permaneci até janeiro de 2005, quando fui "arrancado" do Detran e intimado a assumir a Secretaria Municipal de Saúde na gestão do prefeito Vitor Leitão.

Assumi a Secretaria de Saúde com a impressão de que era uma missão, uma provação, que eu teria que passar e saí de lá oito anos depois com a certeza de missão cumprida. Fiz história, deixei um legado pelo qual ainda hoje sou lembrado e elogiado, tanto por usuários quanto por servidores que comigo trabalharam. Sempre comprometido em fazer e deixar o meu melhor para a comunidade onde vivo, passei por várias entidades e instituições filantrópicas ou assistenciais do município.

Sendo assim, criei o Conselho Municipal de Saúde, o Conselho Municipal dos Direitos da Criança e Adolescente (CMDCA), Conselho Tutelar, Estatuto do Magistério de Cidade Gaúcha, todos na década de 1990. Além da APAE Cidade Gaúcha, ainda na década de 1980, em cuja diretoria atuo até hoje e da qual tenho a honra de ser sócio benemérito, além de ter recebido uma menção honrosa da Assembleia Legislativa do Estado em junho de 2010. Desde 1988, exerço a função de Juiz de Paz da Sede da Comarca de Cidade Gaúcha.

Atuei como voluntário na comissão de festas da Paróquia São José Operário de Cidade Gaúcha de 1969 a 2022. Nesse período, fui nomeado pela Diocese de Umuarama para composição do Conselho Paroquial de Administração e Economia (CPAE), de 2014 a 2022.

Tenho licenciatura plena para as Matérias Técnicas do Ensino de 2º Grau; sou graduado em Administração de Empresas e pós-graduado em Marketing e Gestão de Pessoas, além de vários cursos de aperfeiçoamento.

Atualmente, estou curtindo os netos sem "pendurar totalmente as chuteiras". Sou professor de Comunicação e Oratória; atuei como instrutor do Sesi/Senai, regionais de Cianorte, Paranavaí e Umuarama; desenvolvo trabalhos com formação e desenvolvimento de pessoas por meio de cursos, palestras e treinamentos.

Com minha vontade e disposição em servir, coloco minha humilde colaboração à disposição da comunidade, pois só assim poderei compartilhar e ampliar meus parcos conhecimentos e retribuir tudo que já recebi da comunidade de Cidade Gaúcha e de Deus.

"A maior vitória da vida não consiste em vencer todas as batalhas, e sim em não fugir dos desafios que ela nos impuser."

Antônio Ciríaco

BIANCA SAITO

Sou Bianca Saito, nascida em São Paulo/SP. Atualmente moro em Blumenau/SC. Sou filha mais velha dos três irmãos. Sou mentora em saúde física e emocional, terapeuta, escritora e *master coach*.

Tenho mais de cinco anos de experiência em atendimento presencial e *on-line*, participando de vidas em mais de sete países, como Japão e Estados Unidos. Amo ensinar, ser prática, me conectar com Deus, ser ferramenta e luz, praticar esportes, contemplar o belo e degustar deliciosamente do mundo gastronômico.

Superei grandes desafios na saúde física, emocional e espiritual, e hoje meu propósito envolve ajudar o maior número de pessoas a não passarem pelo que eu passei. Para quem estiver no fundo do poço, saiba que existe luz quando você muda a direção dos seus olhos.

mentorasaito

biancascoach@outlook.com

MUDANDO A ROTA

5

Por Bianca Saito

Há alguns anos, a Bianca que vocês veem nesta foto, com as informações presentes e como coautora deste livro, não existia. Preciso explicar meu passado: foi caótico em vários pontos na infância, adolescência e fase adulta. Sofria *bullying*, tive um lar disfuncional, má comunicação, falta de direcionamento e ensinamento, pais separados, alguns momentos vividos na riqueza e outros sob inúmeras dificuldades financeiras; mais de vinte mudanças escolares, mudança de cidades e de país, tudo sem qualquer tipo de inteligência emocional ou planejamento.

Basicamente, eu vivi 27 anos da minha existência, "empurrando tudo com a barriga" em vez de saber que realmente poderia escolher viver esse presente que se chama vida.

Todas essas experiências resultaram em várias disfunções, ansiedade, depressão, não saber quem eu era, não acreditar em mim. Tudo o que eu sabia fazer não era o suficiente, me sabotava em vários aspectos, não me achava bonita nem inteligente, vivia em ciclos de procrastinação, chorando escondido. Não entendia as situações e ainda escolhia ambientes e pessoas erradas para tentar pertencer a algo e ser amada. Ou seja, identidade, capacidade e merecimento extremamente distorcidos e o emocional machucado. E eu mal sabia que tudo isso influenciava nos meus comportamentos, nas minhas atitudes, nos meus pensamentos, nas minhas decisões e, consequentemente, nos resultados da minha vida.

Logo após meus 19 anos, iniciei minha jornada em Izumo Shi, no Japão. Além de ser a primeira filha que mudou para outro país, fui a primeira a morar com meu pai e trabalhar mais de 12 horas por dia em uma fábrica. Muitas coisas aconteceram, mas vou dar ênfase em um concurso de beleza, no qual me inscrevi em 2012 – para vocês terem uma noção da mentalidade sabotadora que eu tinha na época. Esse concurso envolvia os descendentes de japoneses com outras nacionalidades, era chamado "Miss Nikkey", o mais famoso e reconhecido na época. Existiam muitas dificuldades, como e onde comprar o vestido, o salto e os acessórios etc. Mas, no final, até o Aliexpress me salvou.

Um dia antes do evento, meu pai viajou de carro comigo por mais de cinco horas até o local. Lembro-me de que fui totalmente despreparada, sem maquiagem, de chinelo, sem folgar do trabalho e fazendo as unhas no carro – até porque a minha mente pensava: "O primeiro dia será apenas o ensaio". Eu não imaginava que precisaria chegar impecável. O despreparo e a falta de conhecimento sobre esse tipo de evento me fizeram dar ouvidos aos meus pensamentos sabotadores. "Não tem como eu ganhar, quem sou eu para ganhar um concurso? Eu não sei nem desfilar, meu corpo não é o suficiente, eu não tenho essa produção toda". Mas lá, bem lá no fundo, algo soprava positivo.

No dia do evento, foi aquela correria; os desfiles, os nomes sendo chamados e a cada título minha mente pensava: "Está bom se eu ganhar como miss Simpatia". Outro título foi chamado e minha mente: "Está bom se eu for a terceira princesa". Quando chegou o momento da miss, eu congelei e não ouvi nada, só percebi todos me olhando e sussurrando: "Vai! vai! É você que chamaram!". Então ouvi: "Bianca Saito, venha receber sua coroa". E para a minha surpresa, eu venci como rainha.

Amados, mesmo assim, isso não foi o suficiente para eu me achar bonita e muito menos merecedora. Quase todos os presentes que ganhei, eu vendi ou doei, típico de uma mentalidade de quem não se sente merecedora. E pela identidade distorcida, não aproveitei essa fase, pois tinha medo do julgamento e não me sentia como uma miss nem como vencedora, e ainda dizia para todos: "Eu venci porque as candidatas erram na cor ou no modelo do vestido". Sempre me diminuía para não parecer metida, pois ouvia das pessoas: "Agora que virou miss não vai virar a cara, né?", "Agora que ficou conhecida não vai 'se achar', né?". Isso acontece quando não sabemos quem somos e deixamos sermos definidos pela boca do outro.

Avançando os anos, eu senti a necessidade de voltar para o Brasil, pois a sensação que eu tinha era de "pause". Eu via todos os amigos e conhecidos se formando, se casando, outros tendo filhos, e eu? Escolhia estar trancada dentro de uma fábrica para tentar ter algo na vida. Então, passei uma temporada no Brasil entre 2014 e 2016. Um dos pontos positivos que aconteceu foi me formar em técnico de administração. Foi um marco importante para eu ver que era inteligente. Em uma turma de mais de quarenta alunos, menos de oito se formaram, e eu passei entre os primeiros.

Infelizmente, não foi só um mar de rosas. Tive grandes decepções, fiz escolhas erradas; me casei, me separei, tive pensamentos suicidas, perdas financeiras, mais disfunções emocionais que acumularam e ainda mais dúvida de quem eu era e sobre minha capacidade, resultando em mais pensamentos de "Eu não mereço". Essa fase daria alguns capítulos.

Retornei ao Japão em 2016, e logo em dezembro eu não imaginava que iria cavar o maior poço fundo da minha vida. Durante o trabalho na fábrica, tive uma lesão na lombar e fui parar em uma clínica. Na época, pediram para eu não falar para o médico que a lesão aconteceu dentro da fábrica e assim o fiz. Foi tirado uma chapa, mas não existia nenhuma fratura nos ossos, então fui medicada e voltei ao trabalho, mesmo sentindo dor. A empreiteira pediu para eu assinar uma ata dizendo que eu me machuquei em casa, enquanto eu levantava um beliche pesado para limpar embaixo dela, e assim o fiz, pois não queria prejudicar a empresa. Nessa fase, eu sentia muita dor e várias vezes o meu corpo travava. Mas meu orgulho não me permitia ficar em casa, principalmente pelas fofocas dizendo que era tudo mentira e que eu estava fingindo uma dor.

Depois de seis meses vivendo uma batalha na mente e no corpo com as dores, procurei fazer uma ressonância por conta própria. Eu precisava provar que algo estava acontecendo comigo e que eu não estava fingindo. Ali, descobri uma hérnia de disco e desgaste de cartilagem, o início dos problemas físicos. Por um lado, um alívio, eu tinha provas; mas por outro, existiam problemas de saúde precoces. Continuei trabalhando até travar e, pela primeira vez, fui afastada por quinze dias. E novamente voltei a trabalhar com dor. Eu cheguei a ouvir dos médicos: "Você não tem mais cura, precisa se acostumar com a dor". Lembro-me do meu desespero naquele dia. Quem é que se acostuma com a dor? Essa, com certeza, foi uma das piores fases da minha vida. Eu não entendia o que estava acontecendo comigo e muito menos as outras pessoas.

Fui sobrevivendo até dezembro de 2017. Nesse período, perdi temporariamente os movimentos do meu corpo. Ah, um detalhe que não contei:

eu estava em um relacionamento, morando junto, com vida de casada, mas, para piorar, um dia antes do Natal ele terminou comigo, dizendo: "Não é isso que eu quero". Mais um abandono que aconteceu no pior momento.

Literalmente sozinha e abalada, comecei a brigar com Deus e ao mesmo tempo planejar como iria acabar com minha vida. Eu estava no meu limite, meus movimentos limitados, que só permitiam me rastejar e a única coisa que eu tinha era o celular e o Facebook. Mas foi aí que minha vida começou a mudar. E eu costumo falar que Deus colocou os vídeos certos que acalmaram meu coração e me fizeram não desistir da minha vida. Lembro que no dia 27 de dezembro daquele ano eu já tinha retornado para casa do meu pai e, alguns dias depois, meu irmão Allan compartilhou uma oportunidade que mudou a rota da minha vida.

Um amigo de trabalho dele estava fazendo um curso de massoterapia, chamado Kidoo Therapy, e precisava de um parceiro e um modelo. Eu acabei sendo os dois. E por mais milagroso que isso possa soar, logo na primeira aplicação consegui me levantar sem dor da maca. Foi nesse ponto que eu quis entender mais sobre tudo aquilo e como funcionou tão rápido, se no meu caso não tinha cura. Ali, Deus plantou algumas sementes de cura, esperança, vontade, curiosidade e fé.

Em um mês de aplicação em mim e estudos da Kidoo Therapy, diminuí 80% dos medicamentos que tomava e comecei a ter uma qualidade de vida melhor. Então, me despertou a vontade de aplicar nas pessoas também. Demoraram um ano de aulas presenciais e mais três anos para eu conseguir o diploma dessa massoterapia. Nessa fase, estagiei a Kidoo Therapy e tive ótimos resultados na vida de outras pessoas. E novas sementes foram plantadas.

Outro marco importante foi quando, no final de um atendimento, o cliente falou tantas coisas positivas sobre os resultados do meu trabalho na saúde dele, que foi espiritualmente mágico. A cena que eu vi foi meu cliente na minha frente e, em um ângulo de 45 graus, eu via a mim mesma, mas com vários buracos, como se pudesse ver pelo outro lado, e, na medida que ele falava, todos os buracos se preencheram. Foi exatamente naquele momento que eu descobri o que eu queria fazer da minha vida e como era incrível participar das transformações das pessoas. Alguns anos à frente, eu entendi que o que tinha acontecido se chamava **a descoberta do meu propósito**.

Depois disso, iniciei uma busca insana por conhecimento, que perpetua até hoje. Estudei física quântica, energia, átomos, técnicas espirituais e energéticas e aplicava de forma voluntária para validar e entender o que realmente funcionava. Mas notei e questionei: "Por que as pessoas continuam voltando? Às vezes, com a mesma dor".

Foi em meados de 2020 que os estudos se voltaram para o cérebro, a mente, as emoções, os comportamentos, as neurociências etc. Mais aplicações, mais resultados, novas mudanças e um sentimento de "quero passar para um próximo nível" surgiu em conjunto com o desejo de passear no Brasil. Para resumir, o plano era ficar até seis meses no Brasil, mas as transformações foram tantas e tão intensas que não voltei a morar no Japão. Os dois anos aqui equivaleram a pelo menos cinco anos de aprendizagem no Japão.

E uma nova mulher continua se transformando a cada dia e levando tudo que aprendeu e viveu nos atendimentos, mentorias e palestras, para ajudar o maior número de pessoas por esse mundão.

Se você está vivendo algo que eu citei acima, acredite, existem inúmeras maneiras de superar tudo isso. E se seu coração quiser, estarei pronta para te acolher e guiar nessa jornada incrivelmente transformadora e de fé.

"Em toda dor existe um propósito, e a transformação começa quando decidimos não desistir. Então, do que você vem desistindo na sua vida?"

Bianca Saito

SANTOS

Sou Carolina Santos, filha amada de Deus. A terceira filha de uma maravilhosa família de cinco. Desde 2008, casada com José Roberto; com ele me tornei mãe do Matheus e do Davi.

Aos 14 anos, comecei a trabalhar na recém-fundada empresa do meu pai. Ali, aprendi muito e me desenvolvi. Aos poucos fui me fixando na gestão estratégica, marketing e pessoas. Aos 21 anos, assumi, oficialmente, parte da sociedade. Nos tornamos nº 1 no Brasil. Atuei no projeto de internacionalização nos EUA, morei em Nova Iorque nesse período.

Aos 40 anos, deixei a operação para atuar somente no conselho administrativo e me dedicar à minha missão neste mundo: potencializar vidas e negócios. Ministrei no Brasil e EUA. Hoje, atuo como empresária, master coach e treinadora.

Carolina Santos

carolsantos.mentora

QUEM CUIDA DE MIM NÃO DORME

6

Por Carolina Santos

"E a terra era sem forma e vazia; e havia trevas sobre a face do abismo; e o Espírito de Deus se movia sobre a face das águas." (Gênesis1:2)

Em 2017, era assim que eu me via, apesar de ter uma vida "boa", aparentemente, acima da média. Boa saúde, boa família, boa renda, bom casamento, boa empresa, formação acima da média... Apesar disso tudo, eu sentia no fundo do coração que estava sem forma e vazia. Inóspita, infrutífera, sem graça. Eu era uma pessoa extremamente tóxica, impaciente, crítica, grosseira, orgulhosa, com disfunções emocionais, financeiras, conjugais, empresariais e extremamente escassa. Por mais que eu me esforçasse e trabalhasse muito, não conseguia ver evolução, tampouco resultados.

Eu não sabia, não pedia, não via, não julgava precisar, mas hoje tenho convicção de que Deus já se movia sobre minha vida. Sempre se moveu. "Pelos seus frutos, vocês os conhecerão" (Mateus 7:16).

Por ação ou por omissão, eu estava destruindo tudo ao meu redor com minhas próprias mãos. Destruindo a identidade e a relação com os meus filhos, com meus atos grosseiros, minha impaciência, falta de amor, ausência física e emocional (vivia trabalhando ou fugindo das responsabilidades de mãe), era violenta e omissa em muitas responsabilidades. Como esposa, empresária, gestora e chefe (não era líder) não era diferente. Assim como fazemos uma coisa, fazemos todas as outras.

Carolina Santos

"Eu era cego, agora vejo." (João 9:25)

Sempre em busca da "bala de prata", do "pote de ouro no final do arco-íris", sustentava minha vida em dois pilares: trabalho e dinheiro. Talvez você se identifique com essa dupla, e te asseguro, é uma dupla perigosa. A vida, por meio de anjos, foi me conduzindo para algumas oportunidades, para as quais eu ia obviamente motivada por trabalho e dinheiro. Ao longo da jornada, fui encontrando a minha real identidade, minha essência. Tive a feliz oportunidade de saber quem eu realmente era e o que vim fazer neste mundo. Passei a enxergar o caos que eu estava instalando na minha vida e a destruição que estava deixando nas pessoas ao meu redor.

Em agosto de 2017, eu disse "chega" para quem eu vinha sendo. Mergulhei fundo numa jornada de desenvolvimento pessoal, e em dezembro do mesmo ano, eu já não reconhecia a velha Carol. Em fevereiro de 2018, começou uma nova fase na minha vida. Com minha família, fomos morar em Nova Iorque, um sonho que comecei a tirar do papel poucos meses antes, durante a jornada.

> "'Porque sou eu que conheço os planos que tenho para vocês', diz o Senhor, 'planos de fazê-los prosperar e não de causar dano, planos de dar a vocês esperança e um futuro'." (Jeremias 29:11)

A missão era liderar o projeto de internacionalização da minha empresa, compreender o mercado, a dinâmica dos clientes, a concorrência, a competitividade etc. O que Deus tinha guardado para mim era muito maior do que um dia pensei. Foram meses conciliando a internacionalização com trabalho voluntário de palestra, treinamento e *coaching* em grupo, com imigrantes brasileiros. Uma chama ardente acendeu em meu coração. Nesse período, a vida passou a fazer muito mais sentido. Eu me sentia a pessoa mais feliz do mundo.

Tudo estava perfeito, até que, por decisão da diretoria, cancelaríamos o projeto de internacionalização e teríamos que voltar para o Brasil dentro de três meses. Diante da decisão, chorei copiosamente e me lembro de sair dirigindo pelas estradas de Nova Jersey sem rumo certo. Mais tarde, com as emoções alinhadas, meu marido e eu alinhamos as estratégias para nossos sonhos.

Em fevereiro de 2019, estávamos de volta ao Brasil e veio junto, "na bagagem", uma convicção. Aquela chama ardente por transbordar e transformar vidas não iria se apagar. Mantive a rotina com as diretorias de RH e marketing e passei a me dedicar no trabalho e depois do trabalho com palestras, *coaching* e mentorias.

"Tudo tem o seu tempo determinado e há tempo para todo o propósito debaixo do céu." (Eclesiastes 3:1)

Mais uma vez, sem compreender, sem discernir, sem pedir, Deus já tinha cuidado de tudo. Em março de 2020, passamos pela maior pandemia que o mundo já viveu. Estávamos no lugar certo, na hora certa. Em casa, no Paraná, com muito espaço, área verde, em segurança, com o privilégio de manter uma rotina quase que inalterada de vida, diante de tudo que vinha acontecendo.

Nesta fase da história, eu já tinha me tornado uma pessoa completamente diferente: esposa mais dedicada, paciente, cuidadosa, mais amável; mãe presente, carinhosa. Financeiramente mais organizada, com investimentos e vivendo a vida "à vista". Me tornei doadora, servidora, alguém que transborda para a vida do próximo. A empresa estava sólida, com uma gestão madura e em franco crescimento, apesar da pandemia. Emocionalmente forte, profissionalmente realizada. Eu estava firme e me coloquei à disposição de dezenas de empreendedores, fui mentora de negócios naquele momento tão desafiador. Tudo que eu vivi, meses antes, me preparou para poder ser suporte naquele momento tão desafiador.

Nos picos e vales da vida, meu marido teve covid-19 durante uma viagem em família. Impossibilitado de voltar para casa conosco, ficou internado em Bonito/MS e precisei voltar para casa, no Paraná, com as crianças, de carro. Naquela viagem, senti uma profunda paz e a certeza de que havia um propósito maior em tudo que estávamos passando. Chegando em casa, de joelhos no chão, me entreguei com o mais profundo sentimento de incapacidade, fraqueza, finitude e limitação. Eu nada poderia fazer por meu marido. Apesar disso, sentia paz, com a convicção de que algo eu precisava aprender. Durante as semanas de internação, meu coração foi sendo consolado e preenchido com a palavra de Deus, por meio de pregações, louvores e orações. Após algumas semanas, de volta em casa, nossa vida nunca mais foi a mesma. A pandemia deixou marcas em muita gente, mas em minha família ela deixou as marcas do Senhor.

"O coração do ser humano pode fazer planos, mas a resposta certa dos lábios vem do Senhor." (Provérbios 16:1)

Para mim, ficou claro o propósito de tudo que passamos naquele momento. Era algo muito maior, muito mais poderoso e mais transformador que tudo. Poucos meses depois, voltando às rotinas presenciais, pela primeira vez na vida, passei a frequentar a igreja com assiduidade. Sei que muitas pessoas procuram a Igreja para receber algo, eu procurei por gratidão, porque já havia recebido muito. Agora, eu passei a pedir, agradecer, ver e perceber o cuidado que Deus sempre teve comigo.

> 6 Mas eu disse: "Ah, Soberano Senhor! Eu não sei falar, pois ainda sou muito jovem".
>
> 7 O Senhor, porém, me disse: "Não diga que é muito jovem. A todos a quem eu o enviar você irá e dirá tudo o que eu lhe ordenar.
>
> 8 Não tenha medo deles, pois eu estou com você para protegê-lo", diz o Senhor.
>
> 9 O Senhor estendeu a mão, tocou a minha boca e disse-me: "Agora ponho em sua boca as minhas palavras.
>
> 10 Veja! Eu hoje dou a você autoridade sobre nações e reinos, para arrancar, despedaçar, arruinar e destruir; para edificar e para plantar". (Jeremias 1:6-10)

Os anjos de Deus estão sempre trabalhando em nossas vidas e mais uma vez fui surpreendida por um deles. Uma amiga falou de mim para o pastor da Lagoinha Arapongas e fui convidada para liderar o ministério Crie – Cristãos Empreendedores. Com tamanha responsabilidade em minhas mãos, me senti na obrigação de me capacitar mais e mergulhar mais para honrar a confiança em mim, uma criança (*teknon*) tão pequena e incapaz. Tenho buscado profundidade de diversas formas. Compreendi ainda mais os propósitos de Deus para minha vida, por meio do ministério.

Em dezembro de 2022, tomei uma decisão bastante difícil para mim: deixar a operação da empresa onde atuei por 27 anos e empreender em uma nova direção, confiando nos propósitos de Deus para minha vida. Fiz alguns contatos para desenhar e viabilizar o negócio, que seria focado em treinamento e *coaching* para empresários, líderes e gestores. Ainda havia medo de ousar e ir adiante. Até que, em uma noite, eu sonhei (é muito raro eu sonhar e me lembrar no dia seguinte) que estava numa praia com a água na altura dos tornozelos e, poucos metros ao lado, tinha uma grande depressão na areia, que daria uma profundidade muito maior que aquela onde eu estava. No sonho, uma voz me dizia: "Vem, tira os pés do raso, aqui quem conduz sou Eu. Sai do raso, não é você quem vai fazer".

Eu acordei decidida a confiar e entregar. De forma sobrenatural, recebi uma das maiores distribuições de lucro da minha empresa até então. Minha vontade pessoal era finalmente comprar o carro dos sonhos e realizar algumas viagens que estavam no mural da vida extraordinária. Mas meu coração não estava em paz com aquelas ideias. Investimos todo o dinheiro no projeto. Desde então, tem sido uma jornada intensa em todos os aspectos, com impacto surpreendente na minha vida e na vida das pessoas que passam pelo HUB, empresa que abri, um espaço para eventos e treinamentos corporativos.

"Bem-aventurados os puros de coração, pois verão a Deus." (Mateus 5:8)

Deus sabe de todas as coisas e cuida de tudo, nos detalhes. A jornada até aceitá-lo como único e suficiente Salvador foi uma jornada de purificação do meu coração. Com o coração árido, endurecido, egoísta, orgulhoso e autossuficiente que eu tinha, não seria possível ver a Deus.

O cuidado dEle está em todos os detalhes. O agir dEle está em todos os lugares. Cabe a nós estarmos firmados nEle, conectados a Ele, nos relacionando com Ele, confiando nEle.

Deus quer de cada um de nós um coração humilde, puro, disposto a obedecer, confiar, entregar, ouvir, ser exortado, depender, para que Ele faça conforme a boa, perfeita e agradável vontade.

"Entrega o teu caminho ao Senhor; confia nele, e ele o fará." (Salmos 37:5)

“Eu não sabia, não pedia, não via, não julgava precisar, mas Deus sempre esteve cuidando de tudo.”

Carolina Santos

Dayse Mária

Dayse Mária Machado Ariozi, nascida em 05 de junho de 1964, na cidade de Paraíso do Norte/PR. Filha de Antonio Machado de Lima e Tereza Franco de Lima, casada com Aparecido Valentim Ariozi há quarenta anos. Mãe de Lays, Tainá e Júlia. Moro em Cidade Gáucha/PR.

Sou graduada em Ciências Contábeis (pela Fafipa Paranavaí), tecnóloga em Terapias Integrativas e Complementares (pela Unicesumar Maringá), consteladora familiar, reikiana e reprogramadora biológica.

Trabalhei na empresa Vera Cruz Contabilidade durante 35 anos, hoje em dia tenho uma clínica em Cidade Gaúcha. Portanto, ainda trabalho com IRPF e ITR, e tenho a Vidas em Terapia, que é minha empresa de terapias.

+55 (44) 99949-1620
+55 (44) 99776-8153
vidas_emterapia
dayseariozi
dayseariozi@yahoo.com.br

HÁ UM TEMPO 7

Por Dayse Mária

Meus pais, Antônio e Tereza, tiveram quatro filhos, sempre muito simples e humildes. Eles moravam com meus avós maternos, Eugênio e Maria, que sempre foram muitos atenciosos e queridos. Meu pai acordava muito cedo para tirar leite com meu avô e logo iniciava sua segunda jornada, que era na fábrica de farinha de mandioca. O tempo foi passando, o trabalho e a vontade de vencer prevaleceram e meu pai comprou sua primeira chácara (Placa II).

Quando completei 7 anos, fui matriculada no Colégio Educandário Nossa Senhora Aparecida, em Paraíso do Norte, Paraná. O percurso era de 4 km a pé e chegando perto da cidade, trocávamos o sapato velho e sujo por um par de conga azul, que o colégio exigia como parte do uniforme. Era tudo muito difícil e havia muito preconceito pelo modo que vivíamos.

Minha mãe e minha avó pagavam nossas mensalidades com o trabalho, lavando as roupas das freiras e internas do colégio. Levávamos ovos e frangos também, como forma de pagamento. Chegávamos do colégio em torno de 13h e, na parte da tarde, trabalhávamos. Nessa época, meu pai cultivava arroz, feijão e amendoim, todos íamos ajudar na capina de arroz e feijão e no plantio do amendoim. Tínhamos que selecionar as sementes e ali era nossa diversão, pois só brincávamos livremente aos finais de semana.

Em uma noite de 1971, dormíamos tranquilos e, de repente, um barulho de algo caindo lá fora, um vento forte tomou conta de tudo. Foram horas de tragédia, ventos e relâmpagos, a casa sendo descoberta e deixada sem pilares, janelas sendo levadas. Foi a noite mais tensa de toda a minha existência. Minha mãe tentou nos proteger, Tânia e Ernane com acolchoados de trapos por cima e eu e Vilson embaixo da cama. Ela teve vários ferimentos, na cabeça e nos pés. Enquanto tudo acontecia, meu pai saiu para tentar salvar os mantimentos na tulha, mas tudo se perdeu – achávamos que ele havia morrido entre os escombros da cozinha.

Quando a tempestade passou, já era dia. Vimos nosso pai na tulha, sentado de cabeça baixa, graças a Deus, vivo. De tudo que tínhamos, restou apenas uma casa, sem teto e sem alicerce. O mais divino: ficamos nós, unidos, pai, mãe e filhos, para o recomeço. E como recomeçar? Ficamos na casa dos meus avós até tudo se ajeitar. Em seguida, meu pai vendeu a chácara, comprou uma casa na cidade e um caminhão para trabalhar. Minha mãe continuou ajudando minha avó e cuidando da casa, e nós, os filhos, estudando de manhã e trabalhando à tarde.

Aos 12 anos, fui morar com meus avós maternos em Paranavaí, lá fiquei por dois anos; ajudava nos serviços domésticos e estudava à tarde. Aos 14, retornei para a casa dos meus pais, terminei o Ensino Fundamental, trabalhei numa clínica odontológica e conheci o Aparecido (meu marido). Foi amor à primeira vista (risos). Namoramos por quatro anos e meio; nos víamos às quartas-feiras, pois nessa época ele fazia faculdade. Eu sonhava com um príncipe encantado, mas eu era uma menina, sem experiência de nada.

Mas existia e ainda existe muito amor, foi uma construção de sentimentos, aprendizados, muita resiliência, muito orgulho quebrado e Deus em nossos corações, pois damos aquilo que temos. Cada qual com o seu sistema de origem, muitas crenças limitantes e agora estamos no processo do autoconhecimento, a cada dia, uma transformação. A maturidade chegou nos fazendo aprender a separar o joio do trigo.

Aos 17 anos, terminei o Ensino Médio, fiz técnico em contabilidade; era o que dava dinheiro na época. Aprendi a gostar de números e comecei a trabalhar num escritório (financeiro) em uma loja de material de construção; esse foi meu segundo trabalho. Fiz Magistério, pois não tinha dinheiro para a faculdade; foram três anos, e no ano em que completei 19 anos, me casei, em 10 de dezembro 1983, e fomos morar em Cidade Gaúcha. Terminei o magistério e iniciei a vida de casada. A adaptação foi difícil, mas tentava ocupar a cabeça e tudo foi se encaixando. Em 1985, com 21 anos, comecei a trabalhar no escritório Vera Cruz, com meu marido; foram dez anos trabalhando juntos, muitos aprendizados. Honro muito a Contabilidade, por todo conhecimento que adquiri por meio dela, digo que foi uma escola da vida, tudo que tenho e sou foi ela que me forneceu.

Em 1987, chegou nossa primeira filha, Lays, que foi muito esperada, pois antes dela tínhamos recebido a notícia de que não poderíamos ser pais. Mas Deus sempre esteve conosco e, depois de oito meses de tratamento, eu fiquei grávida. A cada notícia e acontecimento, eu sentia mais gratidão pela vida. Quando Lays tinha 15 dias, voltei a trabalhar em período normal, deixando-a com minha secretária, Cida, que há 35 anos está conosco, trazendo muito amor e cuidado para nossa família.

Em 1990, voltei a estudar, fiz um vestibular para Economia e Administração, mas não passei. Mas eu entendi que não era no meu tempo e sim no tempo de Deus. Continuei estudando para o vestibular, trabalhava de dia e estudava à noite. Até que passei em 21º lugar em Ciências Contábeis, na Unipar, em Umuarama. Lembro-me até hoje do título da redação: "Olho por olho, dente por dente". Fiz a matrícula, muito feliz e empolgada, mas havia a preocupação de quem cuidaria da Lays. E aí veio a rede de apoio: marido e Cida. Gratidão!

Comecei a notar que tinha algo que não estava de acordo, pois era muito corrido, o marido indo trabalhar em Umuarama, saía cedo e voltava só à noite. De repente, eu estava grávida da segunda filha e a única coisa em que eu pensava era: "Como eu vou dar conta de tudo?", pois Tainá iria nascer exatamente em abril de 1995, quando eu estaria finalizando a faculdade e meu marido deixando o escritório para assumir o concurso de auditor fiscal da Receita Estadual.

Tainá nasceu e tirou nossa casa da rotina, pois, nessa época, Lays já tinha 8 anos. Logo em seguida, com ainda mais responsabilidades, voltei a trabalhar e vieram as preocupações, ansiedade, gastrite nervosa, depressão, queda de cabelo, dores na cervical... Eu precisava cuidar de mim. Junto aos tratamentos convencionais, fazia sessões com psicólogo e lembro-me de me dizerem: "A reposta está dentro de você", mas eu não conseguia encontrar, mesmo pedindo a Deus, pois eu nunca parava para me escutar, o ego não deixava.

Um dia, resolvi procurar outras formas de tratamento, com terapia, especificamente com florais de Bach. Foi quando comecei a notar grandes diferenças na alma, e, sutilmente, introduzi o uso dos florais na minha família. Quando estava para completar 37 anos, chegou nossa terceira filha, Julia; ela nasceu em fevereiro de 2001. Eu já estava mais equilibrada, tive que voltar a trabalhar e como já havia terminado a faculdade, sobrava mais tempo para as meninas. Nessa época, Lays já com 15 anos e foi estudar fora, o marido também trabalhava fora, a casa só ficava cheia aos finais de semana.

Fui me aprofundando cada vez mais nas terapias e, quanto mais aprendia, mais sede tinha de conhecimento. Os florais abriram portas para o *reiki* (fiz nível I, II e III) e, com isso, comecei a trabalhar o autoperdão, o orgulho, o ressentimento, a culpa e a autocrítica. Eu estava no caminho da autocura e tentando repassar isso para as crianças, mas já existiam traumas sobre elas.

A busca pelo autoconhecimento, pela vida espiritual e pela saúde física e mental é um caminho sem volta. É muito gratificante vivenciar esse processo, mas para "arrumar a casa", existe a quebra de padrões, as crenças limitantes lá da infância, o despertar da consciência. Sem dúvidas, a perseverança é imprescindível.

Em 2011, fiz um curso de massagem relaxante e uma reciclagem de *reiki*. Nessa época, realizei o sonho de comprar minha clínica e já fazia alguns atendimentos. Em 2019, comecei Reprogramação Biológica (a base é a nova Medicina Germânica, Constelação Familiar, PNL e Cinesiologia), e isso tudo me trouxe muita consciência e muita cura, em entender como o corpo funciona, a relação que temos devido a conflitos vividos. E que todos os nossos sintomas (doenças) são de fundo emocional, adoecemos por causa do meio em que vivemos.

Ainda continuava com o escritório, mas com a paixão pelo mundo das terapias. Fui fazendo mais curso e, em 2019, fiz também Barra de Access. Em 12 de fevereiro de 2020, início de pandemia, meu coração clamava por mudanças; estava na hora de fazer uma transição de profissão, a alma pediu e eu a fiz. Senti que Deus tinha e tem novos propósitos para mim, precisava me dedicar mais à família.

Voltei a estudar em 2021, fui me inteirar sobre a Nova Medicina Germânica e Constelação Familiar e pude observar o quanto eu fazia por todos e como estava fora do meu lugar. Dei início à minha transição de carreira aos poucos, respeitando e honrando tudo aquilo que veio antes disso. Em 2023, concluí Tecnologia em Terapias Integrativas e Complementares.

Lembro-me de que, quando cheguei aos 30 anos, comecei a questionar o que tinha feito até ali. Aos 40, a mesma pergunta, e percebi com aqueles questionamentos que a vontade de aprender mais sempre esteve ali. Apesar da falta de consciência, até mesmo a ignorância, circunstâncias da vida, o fato de ter sido mãe cedo, não me impediram de alcançar meus objetivos e sonhos.

Aos 50 anos, lá estava eu, comemorando todos os meus anos vividos e é claro que hoje vejo a vida de uma forma completamente diferente. E aqui estou, no ano em que completo 60 anos. Não me considero idosa, e sim madura, é um momento de reflexão sobre a vida, sobre tudo que já vivi até aqui. Fico feliz em poder celebrar todas as conquistas alcançadas, valorizar as experiências adquiridas ao longo desses anos.

É hora de recomeçar. Estar em sintonia com Deus, reconhecer que até aqui Ele sempre esteve comigo, dizendo: "Você é minha imagem e semelhança. Vá, que estarei contigo, confie!". Gratidão por ter me dado tanto, por sempre acompanhar cada passo e me mostrar a beleza da vida, mesmo em meio às dificuldades.

"Viver, e não ter a vergonha de ser feliz. Cantar e cantar e cantar a beleza de ser um eterno aprendiz!" (Gonzaguinha)

"A vida é uma constante descoberta. Reinvente-se, dance, faça dela o seu melhor momento e, se preciso, recomece."

DAYSE MÁRIA

Edna Gava Mendes

Sou Edna Gava Mendes, natural de São Miguel do Iguaçu/PR e resido em Petrópolis/RJ, com minha amada família: meu esposo João Marcos R. Mendes, com quem sou casada há 22 anos, e minhas duas filhas, a primogênita Gabriela Savóia, de 17 anos, e minha caçula, Carolina, de 15 anos.

Sou formada em Fonoaudiologia pela Faculdade Estácio de Sá/ /RJ, pós-graduada em Linguagem, pelo Cefac/RJ. Estou em formação de bacharelado em Teologia. Também sou diretora da clínica médica GMCM junto a meu marido.

Venho superando grandes desafios da vida e provando, com minha vida diária, que é possível a metanoia, mudança da mente e mudança de vida, por meio de ferramentas como a Bíblia, vídeos, livros, cursos, congressos e mentorias.

+55 (24) 99237-1383

edna_gava

dedagava@hotmail.com

A FORÇA *da Fé*

SE TEUS OLHOS FOREM BONS, TODO TEU CORPO FICARÁ ILUMINADO

8

Por Edna Gava Mendes

Olá, família da fé! Sou Edna Gava Mendes, filha amada do Pai. Vou contar um pouquinho da minha história de vida, do porquê aceitei esse precioso convite para participar deste livro.

Creio que minha história de vida se baseia na força da minha fé. Na verdade, no alimentar da minha fé, no investir em Deus para me auxiliar a aumentá-la, e assim Ele fez, foi me "ensinando a contar meus dias com sabedoria, para alcançar um coração sábio" (Salmos 90:12). Ao longo do caminho, fui encontrando forças para superar os desafios da vida, Deus foi confirmando em meu coração muitas passagens bíblicas que me sustentaram até aqui.

"Se teus olhos forem bons, todo teu corpo ficará iluminado" (Mateus 6:22). Essa passagem foi muito importante quando me dei conta de que fui rejeitada e abandonada aos 2 aninhos. Minha mãe biológica me teve aos 14 anos, uma menina do interior de Santa Catarina, que não conseguiu me criar. A história que conheço foi que ela engravidou do namorado disfuncional, fugiu com ele, mas não conseguiu me criar. Parece que ele era ruim para ela e para mim. Ela voltou para casa dos pais, me deixando lá com meus avós, que tentaram me criar. Minha avó veio a falecer, meu avô já de idade avançada não soube e não tinha condições emocionais para ficar comigo, então precisou me deixar em um convento com as freiras, mulheres preciosas, mulheres de Deus na cidade de nova Veneza/SC.

Ali, fui cuidada e amada, até o dia que apareceram famílias para me adotar. Essa parte eu amo. Minha avó Savoia, hoje minha vozinha já falecida, me viu na barra da saia da freira em um dia de domingo à tarde, na missa. Ficou animada porque o filho mais velho dela, meu pai, do Rio de Janeiro, estava querendo adotar uma menininha – uma vez que minha mãe teve um parto complicado e não podia mais ter filhos. Meus pais tinham minha irmã, já com 10 anos. Quando souberam que existia uma menininha já prontinha, de 3 anos, na cidade de Nova Veneza/SC, correram para me adotarem. Chegando lá, com toda a papelada pronta, eles me contaram que eu desci a rampa do convento correndo, perguntando: "Vocês vão ser meus pais?".

Fui adotada por pais preciosíssimos, amorosos, queridos, amados, os Gava, a quem sou eternamente grata por tanto amor derramado sobre mim. Como me amaram e me amam! Um amor que excede todo entendimento. Louvo a Deus por pais tão preciosos, amorosos, amigos, companheiros, que zelaram, protegeram, assim como Deus Pai, me guardaram "como a menina de seus olhos" (Salmos 17:8). Sinto-me muito amada e privilegiada por ter pais tão preciosos.

O tempo foi passando e a vida é assim, não é meus amigos de superação? Não para de acontecer coisas. "No mundo tereis aflições; mas tende bom ânimo, Eu venci o mundo", Jesus deixou essa mensagem em João 16:33, para nos consolar e nos animar.

Gosto de descrever nossa vida como um verdadeiro eletrocardiograma, com picos e vales. Ora estamos a mil, com dificuldades e apertos, tempestades da vida; ora estamos na calmaria, na bonança. Uma vez, comentei com minha mãe: "Mãe, queria que minha vida fosse uma linha reta" e lembro-me bem da resposta dela: "Filha, não pede isso, não, porque a linha reta em um eletrocardiograma é morte na certa". Hoje lembro disso e sorrio. Eu é que não faço mais essa oração. Pelo contrário, a oração que faço é: "Senhor, me de forças para enfrentar os picos e ânimo para enfrentar os vales da vida, em nome de Jesus, amém".

Vamos que vamos! Um dia de cada vez, com Jesus à frente de tudo. Aos 7 aninhos, fui molestada por um vizinho... algo bem difícil e doloroso até para escrever... mas aprendi também por meio da força da fé a perdoar e a liberar perdão. O Espírito Santo me fez transformar toda aquela raiva, mágoa e decepção em **gratidão**. Você me pergunta: "Gratidão, Edna?". Sim! Eu lhe respondo: gratidão! "Se meus olhos forem bons, todo meu corpo ficará iluminado", livre, leve, solto de mágoas e amarguras. Isso é libertador! Então, comecei a louvar a Deus e liberar perdão para alguém tão mal... e tudo foi ficando bem. Como? Aprendendo ao longo da vida que "assim como você pensa em sua alma, assim é" (Provérbios 23:7).

Então, como é dito em Filipenses 4:8, se eu pensar em coisas boas, pensar "em tudo que é bom, verdadeiro, fiel, justo, honesto, de boa fama", vou sentir coisas boas, vou fazer coisas boas e o Deus da paz me dará paz. Não vai ter espaço na minha vida para coisas e sentimentos ruins. Isso é decisão! Cabe a mim, pela força da fé, decidir e escolher quem vou ser: uma eterna sofredora e vítima ou uma jovem aprendiz? Eu escolho **ser** uma sábia aprendiz nessa vida que Deus me deu a oportunidade de viver aqui na Terra.

A vida foi passando e minha fé aumentando. Aos 18 anos, conheci o amor da minha vida, um homem de Deus. Namoramos, noivamos e nos casamos. Casei-me aos 24 anos, em julho de 2003, feliz, cheinha de contentamento. Tivemos em 2007 e 2008, duas filhinhas lindas, Gabi e Carol, princesinhas de Jesus, maravilhosas, educadas, justas, honestas, verdadeiras, fiéis, um sonho de meninas. O tempo foi passando e continuava firme na força da fé, vivendo dias felizes e dias, às vezes, desafiadores. Sempre agarrada a Deus.

Por volta dos 15 anos de casados, após uma dolorosa perda, a morte do meu amado e amigo pai, meu mundo caiu. Parece que o mal teve uma conversa com Deus e disse: "Deixa eu ferir ela? Você vai ver que ela não te ama e não te honrará tanto assim". Eu me senti como amiga de Jó, no livro de Jó, onde ele perde quase tudo (Jó 1:6-11).

Foi o que aconteceu. Deus permitiu que eu visse que meu marido não era tão perfeito assim. Descobri uma traição de anos. E, como dizem, "um buraco negro" se abriu e eu cai de tristeza nele. Não conseguia confiar em mais ninguém. Me afastei por uns meses, me isolei, fui para a "caverna", mas sempre agarrada em Deus e com a "multidão de conselheiros" (Provérbios 11:14b), os conselheiros de Deus. Foram dias e meses muito difíceis. Não acreditava que aquela história era minha história de vida. Mas de uma coisa eu tinha certeza: Deus é bom! Com Ele, existem promessas! "A glória da segunda casa será maior e melhor que a primeira" (Ageu 2:9). "Não pela minha força, nem pelo meu poder, mas pelo poder do Espírito de Deus." (Zacarias 4:9). Eram tantas as promessas! Cada dia me agarrava mais à força da fé e vencia mais um dia.

Com a força da fé me reergui. Aprendi a "escrever minhas visões em tábuas e torná-las bem legíveis, para que possam ler quando passarem correndo" (Habacuque 2). E jamais esquecer o que Deus fez por mim e ainda faz. Sempre lembrando de "trazer à memória o que me traz esperança", como é dito em Lamentações 3:21. Sempre trazendo à memória o que Deus já tinha feito em mim, por mim e através de mim! Isso me mantinha com ânimo para continuar a viver minha história de vida aqui na Terra.

Graças a Deus e aos inúmeros "conselheiros" que precisamos ter, como é dito na Bíblia, "na multidão de conselheiros há sabedoria" (Provérbios 11:14), meu marido e eu nos agarramos na Bíblia, em vídeos, livros, cursos, mentorias, congressos, aconselhamento com pastores e conseguimos vencer.

Uma passagem que não posso deixar de mencionar, que foi de grande importância na minha caminhada de fé, é a passagem que está em Marcos 2:3-11, em que é falado sobre a fé, a força da fé dos amigos do paralítico. Aqui aprendi que preciso desses amigos, que me levem para mais perto de Jesus, amigos que se preciso for quebram caixinhas, telhados para me levar para mais próximo de Jesus. A reflexão que deixo aqui para você é: você tem esses amigos? Amigos que te aproximam de Deus? Amigos que tem fé quando a sua enfraquece? Eu te encorajo a buscar por esse tipo de amizade. Não ande sozinho! Pessoas ferem, mas pessoas curam. Decore essa frase! Existem pessoas que ferem, mas também existem pessoas que curam.

Creio muito no poder da fé, ela move montanhas. Não sei o que você está passando, qual é sua "montanha", mas sei quem pode te ajudar: o Senhor! "Elevo meus olhos para os montes. De onde me virá o socorro? Meu socorro vem do Senhor, que fez os céus e a terra" (Salmos 121:1).

Finalizo escrevendo o porquê de ter aceito o chamado para participar deste precioso livro. Eu creio que "a fé é a certeza daquilo que esperamos e a prova das coisas que não vemos"(Hebreus 11:1). Hoje, eu tenho o melhor marido, as melhores filhas, a melhor família em Deus que eu poderia ter. Hoje, posso declarar com alegria: "Eu e minha casa servimos e serviremos ao Senhor." (Josué 24:15).

"Sem fé, é impossível agradar a Deus." (Hebreus 11:6)

"Não importa o que fizeram com você. Importa o que você vai fazer com o que fizeram com você."

Edna Gava Mendes

Emerson Zangirolami

Sou Emerson Zangirolami da Silva, filho amado de Deus, natural de Presidente Prudente/SP. Casado há 16 anos com Adriana Biceglia França da Silva, pai da Mariana e da Isabella.

Formado em técnico de Contabilidade, Administração de Empresas, pós-graduado em Administração Financeira, corretor de imóveis, coaching integral sistêmico, palestrante, ministro e pregador da Palavra de Deus.

Também sou mentor e palestrante do Poder da Ação e Alta Performance.

Superei grandes desafios e um imenso deserto, provando que é possível alcançar um sonho, por mais impossível que seja.

+55 (18) 99742-4710
emerson_zangirolami
zangicoach@gmail.com
Emerson Zangirolami

A FORÇA *da Fé*

SOBREVIDA

9

Por Emerson Zangirolami

Era novembro de 2021, eu estava inconformado, já algum tempo, com minha vida profissional; ganhava razoavelmente bem, conseguia manter a casa, ter um bom carro e até estava construindo uma casa; trabalhava em um escritório de administração de condomínio e era síndico profissional. Mas algo estava errado, sentia-me mal, completamente insatisfeito. E não queria me levantar para ir trabalhar, sem ânimo, sem vontade de nada; foi quando minha esposa falou para eu estudar e me formar *coach,* e trabalhar também como corretor de imóveis.

Como um bom marido, fui pesquisar a respeito do *coach*; gostei, me apaixonei e me formei *coach* integral sistêmico e palestrante pela Febracis de São Paulo. Assim iniciou minha jornada, uma transição de carreira aos 49 anos de idade: de administrador e síndico profissional de condomínios para *coach* e corretor de imóveis; casado, com duas filhas, uma casa em construção e muitas dívidas a pagar; fui chamado e visto como uma pessoa sem juízo e, literalmente, louco.

A primeira coisa que fiz foi colocar nas mãos de Deus esse projeto, pois está escrito no Salmo 126:1: "Se o Senhor não edificar a casa, em vão trabalham os operários". E assim iniciei minha transição de carreira, porém nem tudo foram flores. As coisas não aconteceram como calculei e planejei; as vendas de imóveis começaram muito bem, mas, em um instante, as vendas caíram, negócios já fechados foram cancelados; fiz vários atendimentos de *coaching* e palestras, que também começaram a diminuir.

Minha vida profissional entrou em uma queda livre; troquei o carro por um mais barato, coloquei minha casa à venda e não apareceu nenhum comprador. Como provedor da casa, busquei recursos em bancos e instituições financeiras, pegando empréstimos e financiamentos. Tive o nome sujo, ligações diárias de vários fornecedores e cobradores. Não conseguia manter o financiamento da casa em dia e o banco querendo levar a leilão, um verdadeiro caos financeiro. Todos os dias, vinha em minha mente frases como: "Você é um fracassado, não consegue prover sua família!", "Que maluco! 50 anos de idade e não tem uma profissão definida!", "Você é um zero à esquerda; o que você deve fazer de melhor é tirar sua própria vida". Sim, essa frase vinha todos os dias para mim, cheguei a planejar como seria. Mas, como um bom católico, eu busco a palavra de Deus todos os dias e, por muitas vezes, questionei a Deus por que tudo aquilo estava acontecendo comigo. Aqui eu abro um parêntese para falar que sou católico apostólico romano, sou ministro da Eucaristia, pregador da Palavra de Deus, participo e passo vários cursos da Palavra. Voltando a minha jornada, em uma oração, Deus me revelou três grandes profetas: Moisés, Isaías e Elias.

Terra Prometida não é terra conquistada

Moisés demorou quarenta anos para conduzir o povo hebreu para a Terra Prometida; Deus a prometeu a Moisés, mas não disse que seria fácil. Porém, durante toda a caminhada, Deus operou maravilhas e milagres: abriu o Mar Vermelho para que pudessem passar a pé enxutos, tirou água da pedra, enviou as codornizes para que eles se alimentassem, enfim, Deus nunca os deixou sozinhos, sempre esteve presente. E a frase que sempre escutei do pregador e amigo Astromar Miranda, "Terra Prometida não é terra conquistada", estava acontecendo comigo; Deus prometeu que eu iria realizar com sucesso a transição de carreira, mas nunca disse que seria fácil, Ele disse apenas: "Vá, que eu estarei ao seu lado, segue além".

Deus nunca esquece dos seus

Em Isaías 49:14-15, Deus deixou essa certeza; quando Isaías reclamou que Deus o havia abandonado, Deus respondeu fortemente: "Pode uma mulher esquecer-se daquele que amamenta? Não ter ternura pelo fruto de suas entranhas? E mesmo que ela o esquecesse, eu não te esquecerei nunca". Assim como Isaías, eu havia me tornado um verdadeiro "reclamão", reclamava de tudo e de todos, culpei minha esposa, o governo brasileiro e muitas outras pessoas. Mas Deus nunca me abandonou e jamais irá me abandonar, ou a você leitor, creia nisso: Ele jamais te abandonará.

Novamente Deus abriu meus olhos, dizendo que eu era o responsável pela vida que eu estava levando, eu era o capitão de minha embarcação, somente eu poderia mudar. E assim continuei minha jornada, mas o desânimo não saía de mim, perdi completamente as forças. Eu com uma missão na mente e no papel, mas estava sem forças para realizar; estava como um boxeador nocauteado, que continua em pé. Esse era eu.

O deserto

Elias pedindo a morte em I Reis 19: "E andou pelo deserto um dia de caminho. Sentou-se debaixo de um junípero e desejou a morte: 'Basta, Senhor', disse ele; 'tirai-me a vida, porque não sou melhor do que meus pais'. Deitou-se por terra e adormeceu". Não sou Elias, mas, assim como ele, eu estava no momento de deserto, e deserto na Bíblia é provação; eu estava sendo provado por Deus. O deserto é o lugar do sofrimento, da lapidação, da angústia; o deserto é lugar de tentação. É no deserto que o "encardido" aparece, pois, vendo que estamos em grande momento de provação e de escassez, é o momento que ele age, para causar suas tentações. Jesus foi tentado no deserto durante quarenta dias; o povo de Moisés caminhou quarenta anos no deserto, sendo provado por Deus e tentado pelo "encardido".

Glória a Deus que o deserto também é lugar da purificação e caminho para a libertação. Foi no deserto que eu mais me aproximei de Deus; foi um momento de provar o quanto eu o amo; vi e vivi o amor incondicional que Ele tem por mim e por você, leitor. Foi no deserto que eu mais ouvi a voz de Deus, que mais eu aprendi, que eu cresci na espiritualidade, que eu me aproximei dEle.

Percebi que, quando tudo dava certo, eu não tinha a capacidade de aprender, pois não parava para escutar a Deus; mas, quando as coisas se inverteram e começaram a dar errado, foi quando mais aprendi e cresci, pois comecei a segui-lo de verdade; vi que eu era apenas um cristão de banco de igreja, mesmo participando de cursos, dando palestras; era somente por protocolo, mas, na espiritualidade a nota era zero. No deserto, minha espiritualidade chegou a dez e só caía quando batia o desânimo novamente.

Precisou chegar o sofrimento para eu entender algumas coisas que eu não estava vendo, pois foi no deserto que mais Deus falou comigo e que eu mais o escutei; foi lá que Ele renovou minhas forças, e não foi uma vez apenas, mas, centenas. Todas as vezes que eu pensava em desistir, ou em tirar minha vida, Deus falava comigo, dizendo que eu tinha uma esposa, duas filhas, uma casa para prover. Um dia, claramente, Ele me perguntou assim: "Emerson, que legado você irá deixar se tirar a própria vida?". Foi um puxão de orelhas de um Pai educador, amoroso, que me ama muito e não estava disposto em me perder para o encardido.

No deserto, Deus revelou meu propósito de vida, serei ousado e dizer que Ele revelou minha essência. Talvez, caro leitor, nesse exato momento, você esteja querendo jogar tudo para o alto, talvez você não acredite em Deus ou não sinta a presença dEle, mas ele te ama e quer te libertar e não irá desistir de você. Basta você abrir seu coração e deixar Ele fazer morada santa; seja forte e corajoso nesse momento de deserto, pois, para viver o propósito, tem que suportar o deserto, em outras palavras, suportar o processo.

Seguindo o texto de Elias, ele se deitou à sombra de uma árvore e ali desejou a morte. Muitas vezes, eu fui dormir e pedi isso a Deus, que eu dormisse e nunca mais acordasse. E, na madrugada de uma sexta-feira para sábado, acordei com várias dores pelo corpo, não sabia dizer onde estava doendo, doía tudo. Pensei que finalmente Deus havia escutado meu pedido, estava me levando embora; fui socorrido e levado ao hospital e, algumas horas depois, veio o diagnóstico, diverticulite atacada e uma pedra no canal do rim. A cirurgia foi marcada para um outro dia, tive alta, mas, à base de muitos remédios para a dor; confesso a você, leitor, eu vi a morte de frente, me arrependi de pedi-la a Deus. Agendada a cirurgia, o médico pediu para fazer novos exames, e, 10 minutos antes dos exames, ali no hospital, a pedra saiu sozinha pelo canal; pulei de alegria e até gritei; mas o médico falou que tinha que continuar, devido à diverticulite; e adivinhem, não havia nada no exame, não havia diverticulite atacada; o médico ficou sem entender, mas eu não. Eu sabia que o Médico dos Médicos, que é Jesus Cristo, me deu uma grande lição e uma outra oportunidade de vida, Ele me deu uma sobrevida. Tão grandioso é Deus que não atendeu a esse meu pedido e me levantou com a pergunta: "Que legado eu iria deixar?".

Ação

Nesta jornada, eu coloquei o verdadeiro sentido da palavra oração em prática: orar + agir. Deus me revelou também que eu era um bom orante, porém não agia; comecei então a colocar os treinamentos e ferramentas de *coaching* em mim mesmo (*autocoaching*). Fiz e faço os rotineiros diários para vencer as crenças de identidade, capacidade e merecimento; mudei minha postura, meus pensamentos, faço atividade física regularmente, leio pelo menos dois livros por mês, visito e atendo clientes diariamente, tenho uma rotina de tarefas que sigo à risca.

As melhoras profissionais e financeiras começaram a acontecer: contratos cancelados há meses se reativaram e foram negociados, cada vez mais clientes me procuram para fechar novos negócios. Com frequência, recebo convites para dar palestras. Hoje, tenho uma agenda quase lotada. Por que quase? Porque separo um tempo com minha família, que tanto amo. O meu deserto não foi quarenta dias e nem quarenta anos, mas um ano e cinco meses; na época que escrevo este capítulo, ainda tenho dívidas, mas com prazo para quitação.

Espero que você, meu amigo leitor, lendo este capítulo, se motive a não desistir de seus sonhos, lembre-se, eles podem ser realizados. Eu sou o testemunho de que, "os que semeiam entre lágrimas, recolherão com alegria" (Salmo 125).

"Que legado você irá deixar?"

Emerson Zangirolami

Eva Amaral Barbieri

Eu sou Eva Amaral Barbieri, natural de Ponta Porã/MS, amiga do Espírito Santo, filha do Rei. Resido em Maringá/PR, com meu esposo Vinicius Barbieri, com quem vivo desde 2002. Casada desde 2011, aguardamos a chegada do nosso primeiro filho, Matteo.

Sou empresária na área pet, com formação em Design de Moda. Atuo como líder *groomer* de uma equipe com dezoito pessoas, somos especialistas em cães. Além de tosadora, estudo o comportamento humano e canino. Atendemos com serviços de hospedagem, creche e temos o único ateliê *pet* do Brasil.

Sou membro do Rotary Club Maringá/Parque do Ingá, faço parte do grupo de artes do Ministério Rhema, da Igreja Cia, do grupo de empresários Copejem Club Maringá e membro do Conselho Municipal de bem-estar de animais de Maringá.

evaamaralgroomer

evaamaralbarbieri@gmail.com

A FORÇA *da Fé*

DESCOBRI O QUE ME BLOQUEAVA DA VIDA EXTRAORDINÁRIA 10

Por Eva Amaral Barbieri

Eu sempre fui uma mulher forte, destemida, criativa, ousada, muito alegre, festeira e amorosa. Acreditava que tinha controle sobre todas as coisas. Nasci em Ponta Porã/MS, de família tradicional, grande e lá vivi até os 18 anos, quando fui para a universidade, em Maringá, fazer o curso de Design de Moda.

Em 2002, saí de um namoro de seis anos para viver uma linda história com Vinicius, meu esposo – um homem amoroso, inteligente, mas tímido, calmo, um *lord*. Mais novo do que eu, mas com muita sede de viver e crescer, sempre fomos muito parceiros e apaixonados. Ficamos morando juntos por uns seis anos, até que em 2011 nos casamos na igreja.

Desde a minha adolescência, eu dizia que não queria ter filhos. Primeiro, porque era adolescente; depois, por causa da faculdade; e, por último, porque morávamos juntos, mas não éramos casados. Quando abri a empresa, não cabia um bebê, nem por tempo, nem financeiramente. Mas, em 2018, após uma crise emocional e no relacionamento, decidimos que queríamos um filho. Em três anos, passamos por três médicos de fertilidade. O primeiro disse que não tínhamos problemas de saúde e que era só aguardarmos; o segundo médico disse para esperar um ano como tentantes; e o terceiro médico indicou fazer o coito programado. Passado tanto tempo, nosso sentimento era de não pertencermos ao grupo de pais, já que víamos parentes, amigos, clientes engravidando. E o nosso sim não chegava, mesmo não havendo nada físico que nos impedisse.

Como consequência de tudo o que vivemos, quero trazer aqui que, na vida, precisamos ter três crenças para obtermos seja lá o que tenhamos de sonho e tomar posse das promessas de Deus: **capacidade, merecimento** e **pertencimento**.

Nós decidimos que teríamos um bebê em 2022. Pouco tempo antes, em um grupo de oração, pedi para ter um filho e o Espírito Santo lembrou-me de que, muitas vezes, falei que não queria. Tive que me perdoar e pedi perdão a Deus. Eu e meu esposo fomos atrás de médicos que faziam a fertilização *in vitro* e o primeiro ponto de obstáculo foi o valor do investimento. Junto a esse aspecto, a vida seguiu, busquei em Deus respostas para o âmbito financeiro, espiritual, empresarial, matrimonial e emocional. Parecia que a vida estava meio desorganizada. Eu nunca tinha feito jejum e oração, pedia a Deus uma vida nova, mas não sabia que Ele me daria um novo estilo de vida.

Em 2023, participei de um *reality* da área *pet* (em que atuo como profissão), coloquei como propósito ganhar para somar o valor do prêmio ao pagamento do processo de fertilização. Neste tempo, de janeiro a junho, passamos por um problema de saúde severo com meu esposo, o que nos assustou muito. Entramos, então, em uma jornada de oração, obediência, foco e entrega. Meu primeiro desafio foi acreditar que podia ganhar o *reality*. Então, estudei, treinei, tive mentoria, fiz visualização, orei, fiz rotineiros que calassem as vozes que falavam que eu não iria conseguir.

Um dia, conversando com Deus, orando na minha cama, pedi ao Espírito Santo que me mostrasse o porquê de eu ainda não ter um bebê e Ele trouxe para mim uma cena: eu com 7 anos, na casa de uma senhora, vizinha da minha avó, onde eu passava as tardes e cuidava de dois gêmeos, bebês. Não me lembro exatamente o que fiz, se dei leite a mais ou não os limpei direito, mas eu vi aquela senhora me colocando para fora da casa, na área, sentada na cadeira e apontando o dedo para mim, dizendo: "Olha só o que você fez! Você não é capaz de cuidar de um bebê!". E eu me vi ali muito chateada, sentida e envergonhada. Isso fez sentido para mim, porque, muitas vezes, eu não conseguia ficar muito tempo com bebês no colo. Então, eu meio cética, fui confirmar com minha avó e ela me disse: "Certamente isso pode ter acontecido, ela era muito estúpida". Então, em oração, liberei perdão por ela ter sido usada pelo diabo para me incapacitar. E comecei a tomar posse da capacidade, estudando, pesquisando e construindo um cenário de vida, me capacitando para a chegada do bebê.

Enquanto isso, saiu o resultado do *reality*: eu havia ganhado. Por meio da "jesuscidência", encontramos uma amiga que estava com bebês, fui até ela, que me contou sobre o Dr. João Guilherme Gracci, que fizera há pouco tempo a fertilização *in vitro* dela com sucesso, por um preço acessível e, mais incrivelmente, em uma cidade pertinho de nós.

Na véspera do nosso processo da FIV, depois de passar o *reality* ao público, todos souberam do nosso desejo de engravidar. Começou um mover de orações de pessoas próximas e de desconhecidos: minha sogra fez campanha de oração, minhas tias, pessoas da Igreja fizeram propósito para mim. Depois também ouvi um testemunho sobre isso, tomei posse da promessa de Deus: "Os filhos são herança do Senhor, uma recompensa que ele dá" (Salmos 127:3).

Fomos para a primeira transferência de embriões. Fiz tudo o que era possível: me alimentei de forma saudável e disciplinada, me organizei para que tivesse dias tranquilos no trabalho, pois nossas chances eram limitadas. Tínhamos cinco embriões, transferimos três e eu estava certa de que teríamos o nosso positivo. Após algumas semanas, o negativo nos pegou. Eu e meu esposo, de maneira tímida, tentando ser otimistas – mesmo que chateados – buscamos novamente a Deus, aliados a uma ferramenta do Método SIS e acompanhados da maravilhosa *coach* Raquel. Intensifiquei os exercícios todos os dias, declarando que eu já era mãe, gestante, grávida linda, somados a um exercício que fez a diferença na minha vida, que foi **calar** as vozes que me condenavam. Na mesma semana, o pastor pregou e orou na minha cabeça, calando as vozes.

Nesse meio tempo, estive no Método CIS com minha irmã. Lá tive a visão do motivo real pelo qual eu dizia que não queria ter filhos. Não me sentia pertencente ao mundo das mães, pois minha irmã mais nova engravidou aos 15, amigas minhas aos 16. Receber a notícia de uma gravidez era sempre de maneira trágica: ter que me casar, parar de estudar, passar por situações não programadas, na faculdade era uma vergonha andar com a barriga... Era a visão de mundo que eu tinha, e até me casar e me estabilizar não me sentia pertencente ao meio materno. Então fui novamente a Deus e agradeci por tudo que vivi, mas estava pronta para viver esse tempo. Comecei a ver vídeos de grávidas felizes no YouTube e no Instagram.

Novamente, buscando a Deus com meu esposo, em campanha da madrugada, mantendo os exercícios rotineiros: alegria, gratidão, "eu sou", provérbios, boas ações, surpresa de amor, servindo a pessoas, abraços longos. Por que digo isso? Porque, anteriormente, aquela mulher-tratora estaria reclamando, buscando uma solução mundana pela força do braço.

Então ótimo: já tinha trabalhado pertencimento, senso de capacidade; agora, sem mesmo eu saber e buscar, nós dois começamos a orar. Meu esposo foi no encontro Face a Face com Deus e de lá voltou decidido a batizar-se nas águas. Eu não sei vocês, mas a nossa entrega, nosso sim a Deus abriu portas na nossa empresa, na nossa casa, no nosso casamento e na nossa vida.

Estávamos prestes a fazer a segunda FIV, então nós nos preparamos mais ainda: o Espírito Santo colocou pessoas para nos dar dicas sobre o processo, nós oramos e jejuamos. Fomos para o processo da segunda transferência dos embriões e durante aquelas duas semanas ficamos em oração. O Espírito Santo me trouxe à mente eu bebê, com 10 meses, no berço, vendo uma mulher grávida com um outro bebê no colo, chorando, com tristeza e angústia. Algo me dizia que era minha mãe, pois ela teve a mim e minha irmã com uma diferença de um ano e três meses. Mais uma vez, fui perguntar sobre a veracidade da cena, confirmando algumas informações com uma prima próxima, mais velha. Ela afirmou que, na época, meus pais brigavam muito; minha mãe, de certa forma, não tinha planejado uma segunda gravidez tão rápida. Ela sempre foi muito emocional, deve ter chorado e logo se recuperado, mas eu **vi**, eu **senti**.

Então ficou marcado para mim a informação de que barriga de gravidez não é legal, sofre, dói. Se eu vi a minha mãe, a pessoa mais importante do mundo para mim, sofrendo, no meu subconsciente bloqueei esse merecimento. Pois não merecia passar por aquilo para ter um bebê. Aquela visão virou uma chave, comecei a me ver barriguda, a amar uma barriga e a dizer que meu ventre era fértil, que eu era geradora de vida, que meu corpo estava pronto.

Fizemos a fertilização, com a paz do meu esposo batizado, pessoas orando e torcendo por nós, corpo, mente e espírito alinhados. Passaram-se duas semanas e nosso sim veio. Que alegria é receber a promessa de Deus! No entanto, tínhamos ainda que viver os três meses para podermos manter o bebê no ventre, continuamos o processo. Até que uma enfermidade veio e me colocou de cama para descansar. Mesmo por essa situação eu agradeci. Não sei se acontece com vocês, mas nesse meio tempo o que vieram de pessoas falando sobre tragédias com bebês, abortos, perdas, pessoas que já estavam em nove, 22 tentativas de fertilização. Tive que me blindar e me apegar na promessa de Deus.

Em resumo, em um ano, trabalhei a mente, com pensamentos e ações que me fizeram acreditar, mesmo quando tudo dizia o contrário, e as vozes foram caladas. Fui para o plano espiritual. Lá em Efésios 6:12 é dito que nossa luta não é contra homens de carne, e sim contra os principados e potestades. Protegi meu corpo, minha casa e meu casamento.

Sempre que conto esse testemunho, que todos nós temos sonhos ou promessas de Deus, e que se algum estiver bloqueado – uma casa, um esposo, esposa, filho, habilidades como coragem, alegria, lazer, dinheiro, tudo o que Deus deu como promessa – e por algum motivo o diabo usou palavras, situações, emoções para lhe fazer desacreditar, se eu pude, você também pode. Reative o senso de capacidade, merecimento e pertencimento para viver o extraordinário de Deus.

Eu me entreguei à metodologia do Método CIS, estou em uma ótima Igreja, a Cia de Maringá, com líderes e pastores cheios do avivamento de Jesus; busquei livros e pessoas certas para viver este tempo. Não ache que é o fim, viva a Palavra, seja obediente e em tudo dê graças, como diz em 1 Tessalonicenses 5:18. Cuide do seu primeiro ministério, sua casa, seu esposo(a); tenha a fé de Mateus 17:20; creia e escreva seus sonhos em papel; visualize e profetize, que acontecerá. Esse é o nosso Pai amoroso, bondoso e misericordioso, que nos dá vida em abundância, como em João 10:10.

Hoje, participo de um grupo que nomeamos Saradas para Curar e estou aberta para te receber e conversarmos sobre quaisquer dúvidas que você tenha em relação ao meu testemunho, sobre a vida, sobre o Método CIS e, principalmente, sobre a caminhada para receber o amor de Jesus e viver seu sonho.

*"Se eu pude, você também pode.
Reative o senso de capacidade,
pertencimento e merecimento para
viver o extraordinário de Deus."*

Fábio Segall

Fábio Soares Segall, médico, ortopedista, especialista em cirurgia da coluna vertebral. Possui pós-graduação em Clínica da Dor e atua como professor no curso de pós-graduação em Psicologia do Esporte, pela Unifase Petrópolis/RJ e, também, como professor, no curso de pós-graduação em Cirurgia da Coluna, pelo Instituto Carlos Chagas/RJ.

Mineiro, de uma cidade muito simples do interior, hoje, profissional bem-sucedido, dono de uma carreira médica elogiada pelos próprios pacientes e colegas médicos.

Pai dedicado às filhas, um marido em busca do melhor para a esposa, sacerdote do lar e filho amado do Pai.

Atualmente, eu e minha família – esposa Karina e filhas Helena e Manuela – moramos da cidade de Petrópolis/RJ.

drfabiosegall.com
drfabiosegall
dr.fabiosegall

A FORÇA *da Fé*

11

O SÉTIMO DIA

Por Fábio Segall

Sabe quando tudo é jogado na sua cara? Assim, sem nenhum pudor, sem entrelinhas? Pois é, isso aconteceu comigo.

Durante vinte anos da minha vida, segui um caminho torpe, errado, de infidelidade e desgosto aos olhos de Deus. Sabe aonde isso me levou? Ao fundo do poço... à lama, no lugar mais baixo que se possa imaginar. Coloquei em risco toda minha família, esposa, filhas e amigos. Fui humilhado, xingado, agredido e, o pior, não achei errado. Assim como uma criança quando recebe uma surra do pai, sabendo que está errada, eu sabia exatamente porque estava "apanhando", sofrendo.

Eu, como médico, profissional e financeiramente bem-sucedido, tive acesso a todos os "prazeres" da vida. Dotado de um orgulho e arrogância ímpares, um ceticismo típico da minha profissão, achava que era imparável. Nada poderia me acontecer e, se acontecesse, eu daria um jeito ou resolveria qualquer problema sozinho.

Foi quando, certo dia, tudo veio abaixo num piscar de olhos. Todas as minhas mentiras foram desvendadas. Toda a escuridão, todas as sombras do meu passado, a venda que estava sobre meus olhos e me impedia de enxergar a realidade, foi tirada. De repente, tudo passou a fazer sentido, tudo começou a revelar o seu significado.

Eu me perguntava: precisava disso tudo? Precisava ter causado tanta dor? Precisava ver a mulher que eu amo sofrendo tanto? Pois bem, aí começou minha busca por respostas. Eu estava prestes a perder meu casamento, a oportunidade de ver minhas filhas crescerem e, consequentemente, meu trabalho também viria abaixo. Porém, agir sem direção, sem princípios, sem rumo, sem conhecimento, sem ajuda e sozinho, no desespero, não adiantaria.

Foi quando me lembrei de Deus. Infelizmente, sim, nas piores oportunidades da vida, é quando você se lembra de Deus. E mais que isso, reconhece que sem Ele, não dá. Simples assim: não dá. Foi então que comecei a reconhecer a necessidade de buscá-Lo e entregar nas mãos dEle tudo o que eu estava vivendo. Afinal, até agora, tudo o que tinha feito sozinho era errado e me trouxera até ali. Estava na hora de parar.

Comecei a orar e pedir para que Deus me ajudasse a sair daquela situação. Mas como assim, orar? Qual direito eu tinha de pedir algo para Ele agora? Mesmo assim, orei e pedi, todos os dias, em uma atitude de fé, que eu não sabia que tinha, muito menos como usá-la. E assim as coisas começaram a acontecer. No terceiro dia, Ele colocou à minha frente pessoas enviadas por Ele. Que vieram para trazer a Sua palavra, Seu consolo e Sua sabedoria.

Fui atrás de um amigo para buscar conselhos, desabafar ou somente ganhar um abraço. Foi então que a luz começou a aparecer e as coisas começaram a ficar mais claras. Ele me ouviu, enxugou minhas lágrimas e teve sabedoria para me guiar em busca das respostas que eu precisava. Eu pensava comigo mesmo: "De onde vem tanta experiência? Como ele pode saber isso tudo? Parece que fala com autoridade sobre o assunto". Pois é! Eu não estava sozinho nessa. Ele me confessou já ter passado por algo muito semelhante e estava conseguindo superar. Então, nesse momento, caiu a ficha. "Preciso saber disso! Quero saber como conseguiu! Preciso sair dessa também!".

Ele e sua esposa dividiram um pedaço da história deles comigo. Percebi o tamanho de Deus frente aos nossos problemas. Percebi como Deus se coloca à nossa frente nos momentos mais difíceis e como Ele fala conosco de maneiras tão fáceis, claras e objetivas, que fazemos vista grossa e teimamos não ver. Ou, ainda, não admitimos que é Ele. Ele que cuida, que fala e que está no controle de tudo, o tempo todo. Portanto, não haveria forma de restaurar meu lar, recuperar minha esposa, se não fosse por Seus caminhos. Eu estava convencido que Deus já tinha tentado falar comigo tantas outras vezes e eu não escutava, não enxergava Suas obras, não reconhecia que era Ele o tempo todo.

Neste dia, juntos, fomos falar com minha esposa, recebidos com descontentamento e desconforto, mas com educação e respeito a eles. A conversa se guiou à luz da Bíblia e dos ensinamentos cristãos.

Inicialmente, eu fiquei afastado, não participei da conversa, fiquei de longe para deixá-los à vontade. Escutava algumas coisas difíceis de compreender. Inclusive uma afirmação que me chocou foi que a esposa tem direito sim de se separar do marido em um único caso, segundo a palavra de Deus. Fiquei descontrolado no meu canto. "Como assim? Os caras vêm aqui para me ajudar e soltam essa para ela? Agora perdi tudo mesmo!".

Mas a conversa foi se desenrolando e percebi alguns momentos de oração. Em um desses momentos, me aproximei para ouvir e orar junto com eles. Foi quando tudo veio à tona, tudo se realizou, tudo se fez real. Minha esposa, num ato de devoção e obediência a Deus, se deixou ser usada por Ele, se sensibilizou ao Espírito Santo e começou a falar em línguas durante uma oração, dom espiritual que eu não conhecia e muito menos sabia que ela tinha, há quinze anos juntos. E vi por trás dela uma luz muito forte e ouvi, claramente, Deus falando naquele momento. Ele dizia: "Eu estou aqui e estou no controle, eu permiti isso tudo e vou acompanhar vocês". Foi o que consegui ouvir e entender naquela hora.

A partir desse ponto, amigos, era como se passasse um *flash* da minha vida bem em frente aos meus olhos. Em questão de poucos segundos, fui capaz de ver e entender como a presença da minha esposa na minha vida era, na verdade, a presença dEle. Nossas brigas, discussões, desentendimentos, toda nossa história até então, era tudo uma forma dEle se achegar a mim e eu não entendia, me afastava da presença de dEle, assim como da minha esposa. Lembrei-me da minha juventude. Quantas coisas desagradáveis aos olhos de Deus eu fiz e insistia em fazer? Quantas vezes eu já traí e desobedeci minha família. Era como um quebra-cabeça, em que todas as peças agora se encaixavam perfeitamente.

Os dias se passaram, continuei a buscar ajuda, estava convencido de que precisava fazer isso. As coisas estavam clareando para mim. Eu estava necessitado disso. Por mais difícil que estivesse sendo, estava começando a sentir que era do que eu precisava, de verdade. Há muito tempo. Limpar-me de um passado escuro, nojento, humilhante.... Estava aprendendo a buscá-Lo pela minha esposa, lutar por ela, não desanimar e nem desistir da minha família. Deveria deixar os remos nas mãos Dele e fazer o que estivesse ao meu alcance, sem pestanejar.

Outro aprendizado: ter prioridade, tempo e cuidado com ela, honrá-la sobre todas as demais pessoas. Isso é mandamento bíblico. E deixar o remo nas mãos dEle, quer dizer, entregar os medos, problemas e ansiedades nas mãos de Deus, só Ele é capaz de acalmar as águas e silenciar os ventos de qualquer tempestade.

Na teoria, isso tudo é lindo, mas, na prática, não estava sendo fácil. Mas eu estava decidido. Aquela situação iria mudar. Eu iria superar aquilo e reconquistar minha família. Afinal, Ele não tinha dito, naquele dia? Ali, foi uma promessa dada para nós. Então, eu confiava. Decidi estudar a Bíblia e, em poucos meses, a li quase toda. E a cada momento de leitura, era como se eu e Deus estivéssemos conversando a sós. Eu perguntava e ele respondia. Nunca imaginei passar por isso.

Até que no sétimo dia, no primeiro domingo subsequente ao início de todo o quadro, fui à Igreja com o casal de amigos. E foi, talvez, a experiência mais marcante vivida até agora.

Durante o culto, tudo era para mim, como se estivessem me aguardando naquele lugar durante anos. Falei com o amigo ao lado: "Cara, você contou para eles minha história? Falou que eu viria?". Impressionante como tudo era diretamente para mim. Até que vem a palavra do pastor. Aí, sim, agora, eu tinha certeza de que era para mim. O tema era Lucas 9:57-62 e falava sobre a trajetória de quem anda com Jesus. Ao final do culto, no momento do apelo, não havia outra opção, eu estava certo de que deveria entregar minha vida a Jesus. Cumprir seus mandamentos, pagar o preço do passado, mas seguir em frente. Criar novas histórias e experimentar o melhor dEle para mim.

Foi quando recebi palavras de profecia do pastor, este que nunca vi na vida, não me conhecia, nem sabia da minha história. "Às vezes, tudo acontece por conta de uma só pessoa. E a gente está presenciando isso aqui hoje. Deus faz, Deus transforma, mas Ele está interessado em uma pessoa. Porque uma pessoa para ele é muito importante. Você é muito importante. A sua história é muito importante. A sua vida é muito importante. Aquilo que você fez ou deixou de fazer, para Ele não importa. Importa o que Ele quer escrever para você daqui para frente. Aquilo que você perdeu, ele vai restituir. Aquilo que você achou que já tinha acabado, Ele vai construir de novo. Aquilo que, com suas mãos, você destruiu, Ele vai te ajudar a reconstruir. Ele vai te levar a viver uma vida que você jamais poderia achar que iria viver. Simplesmente, porque decidiu dizer que quer ser discípulo dEle. Olha para frente. Olha para o novo. Olha para o futuro. Deus reconstruirá tudo... E eu quero dizer, meu amado, que hoje começa um grande processo que depende de você, sim, das suas escolhas. Que depende de você, sim, a sua trajetória. Mas... Deus coloca um exército ao teu lado. Ele coloca pessoas que te amam ao seu lado...".

Amigos, este foi o dia que encontrei com meu Deus novamente. Quando senti que ele me acompanhou todos esses anos, perdido. E que, agora, eu iria começar meu processo de cura. Mas, mais do que claro, estava escancarado o que eu deveria fazer. Viver para Sua honra e glória. Levando seu nome onde quer que eu ande. Lutando todos os dias para fazer o que é certo.

Meu casamento? Minha família? Está em processo de recuperação física, emocional e espiritual. Hoje, está completa, todos juntos, pela graça de Deus. Eu e minha esposa seguimos juntos, firmados na promessa que Ele nos deu. Podendo experimentar as maravilhas do Seu amor. Ver nossas filhas crescendo na Palavra, aproveitando cada dia para me tornar um homem melhor, um marido melhor, um pai melhor e um filho para Deus, muito melhor do que fui até agora.

"Se está sendo possível para mim, também é possível para você. Use as ferramentas certas ao lado das pessoas certas. Deus cumprirá Suas promessas."

FÁBIO SEGALL

Francielle Prestes

Sou Francielle Prestes, natural de Umuarama/PR, onde também resido com a minha família: meu esposo Jefersson Prestes, com quem sou casada há dezesseis anos, e meus filhos Leonardo Prestes e Bernardo Prestes.

Sou empresária, mentora e orientadora profissional, tendo impulsionado a carreira de mais de cem novos empreendedores nos últimos cinco anos. Superei grandes desafios, provando que é possível mudar a própria história e a história de outras pessoas, com foco no propósito de vida, no autoconhecimento e na fé, como pilar central.

franjprestes

connect.wonders

O PODER DE UMA VIDA COM PROPÓSITO

12

Por Francielle Prestes

Sou a segunda filha de uma família de dois filhos. Era meado de 1988 e meus pais, que residiam em Umuarama/PR, decidiram tentar a vida na capital paranaense, Curitiba. Alguns meses depois, o sonho tornou-se um pesadelo, pois, inexplicavelmente, meu pai nos abandonou. Minha mãe, muito jovem, sem experiência e com pouco conhecimento da cidade, começou a enfrentar todos os tipos de desafios possíveis. Do dia para a noite, ela assumiu nossa família.

Sozinha, numa cidade desconhecida, com dois filhos pequenos, começou a trabalhar como babá, em que permanece há mais de 32 anos. Conseguiu com seu trabalho e esforço conquistar sua casa própria e nos ensinou a força da fé e do propósito. Neste momento, conheceu os desafios de uma mãe criando seus filhos sozinha e sem a colaboração presencial e financeira de um marido.

Até meus 13 anos, devido a morarmos em um bairro de periferia, passávamos as férias na casa dos meus avós, em Umuarama. Foi uma forma que minha mãe encontrou para nos proteger. Coam 14 anos, comecei a trabalhar e ajudar minha mãe financeiramente. Fui trabalhar numa loja de sapatos e artigos de couro, onde tive contato com outros profissionais do ramo e desenvolvi uma paixão por bolsas e sapatos. Fique ali por quatro anos. Sem sombra de dúvidas, nesse período, uma chave virou e comecei a olhar o futuro de forma diferente, onde tive a oportunidade de atuar em todas as áreas, até chegar ao cargo de gerência.

Com o tempo, entendi que um ciclo estava terminando e deveria alcançar novos desafios. Entrei numa grande butique, bem-conceituada, no shopping de Curitiba, tendo contato com um perfil de clientes mais elitizado e mais exigente, o que foi refinando o meu perfil profissional. Essa nova experiência me trouxe uma grande certeza: o fim de uma etapa é o início de uma nova.

Após esse início na minha carreira, comecei a me interessar por finanças, investimentos e pelo mercado financeiro. Em 2005, comecei a trabalhar em um grande banco inglês, onde conheci meu esposo Jefersson Prestes, com o qual sou casada desde 2008. Logo de cara, idealizamos uma família.

Em abril de 2011, recebemos uma grande notícia que mudaria de vez as nossas vidas: nosso primeiro filho. O pequeno Léo estava a caminho. Essa notícia foi um misto de amor e medo, ao mesmo tempo, porque sabíamos muito bem o que queríamos, mas quando estamos dentro de uma situação fora da nossa zona de conforto, é bem diferente.

Em paralelo a toda essa situação pessoal, um pouco antes da descoberta da gravidez, eu havia sido recomendada para um processo seletivo interno, para uma área que havia sido recém-criada no banco. Na última etapa do processo seletivo, mencionei sobre a gestação e, para minha surpresa, fui uma das selecionadas. Esse é um fato de grande relevância, pois sabemos da dificuldade que mulher, mãe e gestante sofrem no mercado de trabalho, onde, na maioria das vezes, nos veem como incapacitadas. Mas, como tudo é sobre propósito e fé, mais uma vez tudo ficou no seu devido lugar. Fui abraçada e acolhida por essa nova área e, mesmo grávida, não fui impedida de receber a promoção.

No mesmo ano, após um exame de rotina para acompanhar o crescimento e a saúde do bebê, recebemos a notícia, pela nossa médica, que a gravidez estava em risco. Descobrimos que, no quinto mês da gestação, o pequeno Léo já queria nascer. Essa notícia mudou, de vez, todo o processo que havíamos estabelecido para esse período, mas não nos desanimou em momento algum. Tivemos que adaptar nossa rotina diária, pois tive de manter repouso absoluto por quatro longos meses, nos quais precisei da colaboração e cumplicidade do meu esposo, que não mediu esforços para me auxiliar e me apoiar. Chegamos ao nono mês da gestação e nosso primeiro filho chegou, cheio de saúde e de perfeição. O sentimento era único: gratidão.

O tempo foi passando e fomos nos movimentando como família, tudo como tinha que ser, porém, em 2013, compramos um imóvel, e devido a uma negociação errada, levamos um revés financeiro, em que meu esposo e eu perdemos tudo que havíamos conquistado em oito anos juntos. Mas, como estávamos firmados em nosso propósito, erguemos a cabeça e seguimos em frente. Fomos morar em um apartamento de quatro cômodos, em um bairro humilde de Curitiba, porém, isso não nos abalou e entendemos que tudo aquilo que estava acontecendo em nossas vidas era para nos impulsionar para a frente.

Em meio a tudo isso, meu esposo, após uma carreira bancária de dez anos, começou a empreender como consultor de investimentos na Ademicon Consórcios e, apesar do sentimento de medo, mais uma vez sabíamos quem estava no comando e iniciamos mais um grande e importante projeto para nossa família: abrimos a nossa empresa de consultoria. Nesse primeiro momento, continuei como colaboradora do banco em que trabalhava.

Em 2016, entendemos que não fazia mais sentido sermos somente três, decidimos pedir a Deus mais um presente, e quando menos esperávamos, recebemos a notícia de que o Bernardo estava a caminho. Mais uma vez, nossa vida se encheu de razão e de novos sonhos. Em dezembro de 2016, ele nasceu, estávamos completos.

O desafio dobrou de tamanho, mas encontramos força para seguirmos. Paralelamente a tudo isso, meu esposo caminhava a passos largos com a nossa empresa. Foi quando decidimos que, em 2017, eu pediria o desligamento e a rescisão do meu contrato de trabalho junto ao banco e me juntaria a ele na missão de empreender. De longe, esse foi o maior desafio das nossas vidas. Começar a empreender com meu esposo foi um desafio gigantesco, então tivemos que ter uma maturidade extraordinária para separar as coisas pessoais das empresariais.

Iniciamos 2018 cheios de projetos e com muito sucesso nos negócios. Havíamos conquistado novamente nossa casa e carro dos sonhos, mas parecia que ainda faltava algo. O sentido da palavra "propósito" começou a ser ressignificado em nossas vidas e foi quando recebemos um convite para empreendermos fora de Curitiba, pela própria Ademicon, na cidade era Umuarama/PR. Em um primeiro momento, relutamos, porém, mais uma vez, o propósito falou mais alto e, no final de 2018, nos mudamos.

Os desafios só aumentaram, então nossa responsabilidade era gerir uma nova equipe de consultores. Com o passar do tempo, fui enxergando que não era só sobre pessoas e sim sobre famílias. Naquele momento, entendemos o real sentido de termos sido enviados para aquela cidade, que era sermos impulsionadores de pessoas e que, por meio de nós, muitas famílias encontrariam também o real sentido e propósitos das suas vidas. Então, neste momento, começamos a contratar e a liderar com essa visão.

As coisas começaram a acontecer muito rápido e, em menos de seis meses, já em 2019, fomos convidados para multiplicar a metodologia que vínhamos aplicando, assumindo uma nova unidade Ademicon, na cidade de Campo Mourão, no noroeste do estado. Já com um pouco mais de experiência com gestão de pessoas e de negócios, em 2020 iniciamos com muitas metas e expectativas. Porém, já nos primeiros meses do ano, um "inimigo oculto" nos fez ficarmos apreensivos e duvidosos em relação à continuidade dos negócios: a pandemia do covid-19.

Nesse período, tivemos o entendimento que havia chegado um novo tempo, onde Deus nos chamou a reflexões mais profundas e nos convidou para dependermos mais Dele. É importante lembrar que estávamos com duas unidades de negócios, em duas cidades diferentes, com de consultores empreendedores PJ e dois CLT, então já enxergávamos que eram doze famílias que estava sob nossos cuidados.

É importante frisar: esse período de pandemia nos ensinou várias lições, mas uma delas, sem sombra de dúvidas, e a mais importante, foi sobre ter resiliência.

Um novo ano se iniciou, já com um pouco mais de confiança na economia e nos adaptando ao "novo normal", nos reinventando a um novo formato de fazer negócios. Tivemos que buscar, também, uma nova forma de fazer gestão, ou seja, mais uma vez, provando o sobrenatural de Deus e que estávamos avançando e tendo maturidade divina da vida. De uma vez por todas, entendemos o sentido da palavra **propósito**.

Em 2022, com mais vinte colaboradores (mais cônjuges e filhos), assumimos a implantação de mais duas unidades de negócios, nas cidades de Paranavaí e Cianorte. Agora, presentes em quatro cidades, com um campo de atuação maior, veio a necessidade de contratarmos mais pessoas e redesenharmos o nosso plano de negócio. Seguimos crescendo e registramos um crescimento de mais 50% em relação a 2021.

Em 2023, uma chave virou. Em meio à participação de vários eventos de mulheres empresárias, pude perceber que havia somente interesse financeiro e não o compartilhar do conhecimento, sem a preocupação e a responsabilidade na mudança de destino. Foi em uma de nossas viagens que meu esposo se conectou com um grande amigo, o pastor e mentor Karl Dietz, fundador da INC (Igreja no Cinema), o qual passou a nos pastorear e nos dar visão de destino.

Essa conexão foi de extrema importância, pois ele nos apresentou um modelo de confraria de mulheres, em que se trabalhava a parte espiritual. Com base nesse modelo, tivemos o entendimento que poderíamos criar, de igual forma, uma confraria de mulheres empreendedoras, na qual, por meio da minha mentoria, eu poderia ajudar mulheres a enxergarem seu verdadeiro propósito de vida. O projeto se chama Connect Wonders. Em doze meses, alcançamos mais de duzentas mulheres, também geramos conexões e planejamento profissional.

Depois de ter passado os últimos quinze anos enfrentando todos esses desafios, sejam eles em empresas privadas e, depois, como empresária empreendedora, com a graça de Deus, pude superar todos. Agora, com este material, quero expor minha visão e conceituar o que é propósito, segundo uma mulher, esposa, mãe e empreendedora. Visão essa baseada no que tenho observado ao longo de todos esses anos, podendo ser aplicada tanto no âmbito familiar quanto no empresarial.

O propósito desempenha um papel importante na definição da identidade de uma pessoa ou de uma empresa. Podemos concluir, então.

"Um propósito bem definido está intimamente ligado a uma pessoa e sua razão de existir."

Francielle Prestes

Kelen Dalben Dota

Eu sou Kelen, tenho 48 anos, filha amada do Pai e de Grimaldo e Iza Dalben. Nascida na cidade de Maringá/PR, casada há 22 anos com o homem que pedi a Deus, Wilibaldo Dota Junior. A menina no meio de dois irmãos.

Sou farmacêutica bioquímica há 24 anos, formada pela Universidade Estadual de Maringá (UEM) e pós-graduada em Ciências da Saúde (especialização e mestrado) pela mesma instituição.

Sempre atuei na área de análises clínicas e, atualmente, sou servidora pública da Prefeitura de Maringá (Laboratório Central da Secretaria de Saúde), realizando parte do que sempre sonhei: cuidar da saúde das pessoas, nosso bem mais precioso. Há alguns meses, me tornei especialista comportamental pelo Instituto de Desenvolvimento Comportamental, o IDEC.

kelendalbendota

kelenfdd@hotmail.com

A FORÇA *da Fé*

A DECISÃO DE CONFIAR

13

Por Kelen Dalben Dota

Desde muito pequena, me recordo que sempre gostei de cuidar das pessoas. Mesmo nas minhas brincadeiras de criança, me sentia uma verdadeira mãe. Era carinhosa e zelosa em tudo o que fazia. Brincava de professora, gostava muito de ler e ensinar. Imaginava que me tornaria uma, até tentei, após o meu mestrado, anos mais tarde, mas não senti que seria esse o plano de Deus para mim. Sempre fui muito comunicativa, embora um pouco tímida, gostava – e ainda gosto muito – de me relacionar com pessoas, ouvir suas histórias, seus problemas e acabava por ser uma boa conselheira, pelo menos era o que minhas amigas me falavam.

Por isso, resolvi prestar meu primeiro vestibular para Psicologia, na época ainda como treineiro – era assim que se chamava quando fazíamos a prova antes de completar o segundo grau. Acabei mudando de ideia e fazendo o vestibular para Farmácia. Como era um curso da área da saúde também, acreditava que me realizaria totalmente. Hoje sei que estamos em constante evolução e que nada, nem ninguém, nos completa totalmente, a não ser Deus.

Tive uma infância muito feliz, com meus pais sempre fazendo de tudo para que eu e meus irmãos tivéssemos o melhor, dentro das possibilidades deles. E eu sou muito grata por cada uma dessas oportunidades. Como a única menina no meio de dois irmãos homens, de certa forma, sempre fui um pouco paparicada. Crescemos em um lar com muito amor e dedicação deles para nos guiar para um caminho correto, desde muito cedo.

Me recordo que íamos à missa todos os finais de semana e meu pai fazia questão de se sentar no primeiro banco, nós três no meio dos dois, na "cara do gol", ou melhor, na frente do padre. Podíamos até cochilar um pouco, mas pensar em bagunça, em se levantar dali, nem pensar. Era a forma que eles encontraram de nos direcionar nos caminhos de Deus. Faz-me bem lembrar de tudo isso, porque ficou marcado em minha memória e, hoje ainda, após 40 anos, tenho a alegria de frequentar a mesma igreja e ainda me sentar ao lado deles, em algumas missas. "Ensina a criança no caminho em que deve andar, e, ainda quando for velho, não se desviará dele" (Provérbios 22:6).

Mas, em nossa vida não são só flores, em vários momentos passamos por desertos, frustrações. Também tive muitos momentos difíceis, de verdadeiras provações, mas aprendi com meus pais que Deus sempre está no controle de todas as coisas. Uma menina moça que viu a mãe passar um período difícil de depressão e não podia e nem sabia muito como ajudá-la, além de rezar muito e pedir a Deus que a curasse. A preocupação com ela, com o meu pai, meus irmãos e a casa, além de me dedicar aos estudos, me fizeram amadurecer mais rápido. Uma jovem que, no início de seus anos de faculdade, enfrentou um doloroso acidente de trânsito do seu irmão mais novo, com apenas 16 anos, viu seus pais se desdobrarem da melhor forma que poderiam naquele momento para vê-lo curado, com a saúde restaurada. Foi aqui que vivi um dos maiores momentos de fé, não minha, mas que me inspirou com certeza, para toda a vida.

Esse momento aconteceu quando nossa mãe, no auge da sua dor (meu irmão já estava em coma, na UTI, há treze dias), em sua oração, entregou a Deus e Nossa Senhora a vida dele. Ver uma mãe entregar seu filho e não o ter mais perto de si, aprendi que somente pelo poder da fé, seria possível. A partir daquela oração, meu irmão acordou e voltou para a nossa família. Esse, sem dúvida, foi para mim o maior exemplo de amor. Eu e minha mãe sempre fomos muito próximas, e uma das maiores qualidades que vejo nela é ser totalmente dependente de Deus, uma mulher de muita fé. E assim cresci, acreditando que Ele tem o melhor para nós. Mesmo as tempestades têm o seu propósito.

Foi ao longo desses aprendizados que me fortaleci na fé e embarquei na realização dos meus sonhos: me formar, me casar e constituir a minha família. Me formei em 2000, na faculdade de Farmácia Bioquímica, me casei em setembro de 2001 com o meu namorado, o "Fofo" (apelido conhecido por todos), após longos nove anos de namoro e, desde então, estamos juntos nessa jornada, há quase 32 anos.

Como sempre, me dediquei ao meu esposo, às nossas famílias, aos amigos e confiante de que realizaria todos os desejos que ardiam em meu coração. Planejei toda essa felicidade e dois anos após nosso casamento, resolvemos que seria a hora de um novo passo em nossas vidas. Decidimos que seria a hora de engravidarmos. Um ano se passou e nada aconteceu, então resolvemos procurar um primeiro especialista e, de novo, nada aconteceu. Procuramos um segundo, um terceiro, um quarto, um quinto e um sexto. E lá se foram onze anos de tratamento.

Um processo doloroso, caro e que machucou demais. Como entender que eu, a Kelen, superfilha, superirmã, supertia, superamiga, uma verdadeira mãezona, não conseguia engravidar? Os questionamentos eram muitos, a tristeza rasgava o meu peito, doía demais, mas em nenhum momento me revoltei, briguei com Deus. Somente queria entender o porquê de ser comigo. O que tinha feito de errado? Sei que Deus não é o Pai que castiga, mas era difícil entender por que não era abençoada com um filho(a). Mas ao longo dos anos, Ele me mostrou que nós não decidimos nada, que Ele estava no controle e tinha os planos dEle para nós, como casal, como mulher e homem. Não adiantava achar que eu faria tudo conforme a minha vontade, mas sim a vontade dEle prevaleceria. A dor, o choro, o isolamento, era tudo para eu aprender a me derramar diante dEle, verdadeiramente. Confiar mais uma vez em seus planos para mim, para nós.

Com o passar do tempo, entendi que ser mãe não é sobre gerar um filho no ventre, mas também é aquela que se dedica aos seus, amando, ensinando, cuidando com carinho e amor. Uma das maiores dores para mim sempre foi ter em mente que privei meu esposo de ser pai, embora nesses anos todos não descobríssemos qual era o problema da infertilidade. Mas ele nunca me cobrou sobre isso, na verdade, só suportei todo esse longo e difícil processo porque ele esteve comigo 100%, me apoiando, me amando e me fortalecendo. Eu o pedi a Deus desde muito jovem e ele me disse que fez o mesmo, então entendemos que os planos dEle para nós sempre foram os melhores. Nossa sintonia é muito forte, estamos sempre muito conectados e por isso sentimos o forte desejo de ajudar outras famílias e outros casais por meio da doação do nosso tempo. Nesses quase 23 anos, servimos em movimentos da igreja, como o Movimento Familiar Cristão (MFC) e o Encontro de Casais com Cristo (ECC), mostrando nossa vivência como casal, ajudando as famílias a encontrarem um caminho de verdadeira paz e amor dentro de seus lares. "A palavra convence, mas o exemplo arrasta" (Confúcio).

Essa caminhada de participação nas missas, semanalmente, de encontros de casais ao menos uma vez ao mês para partilharmos nossas dificuldades e trocando experiências, só nos faz entender que somos uma família, sim, composta de uma esposa e um esposo e que temos muito o que agradecer por **tudo** o que Ele tem nos dado e também nos livrado. Um tempo após nossa decisão de não mais tentarmos o tratamento para engravidarmos, decidimos entrar na fila da adoção, um outro processo moroso, porque acreditávamos que nos tornando pais do coração, também nos completaríamos. Mas lá se foram mais seis anos na fila, sem sucesso. Até que então resolvemos aceitar que nosso propósito era outro, e saímos da fila no início de ano de 2024. A espera nunca é fácil, vários foram os motivos para chegarmos a essa conclusão, mas sempre descansando no Senhor.

Aquela menina que queria ser professora, se casar e constituir uma família e ser mãe se tornou uma mulher forte, capacitada por Deus, a cada dia mais e mais. Até que um dia, passou pela difícil tarefa de enfrentar uma pandemia mundial, como a grande maioria de vocês, um pouco mais de perto, já que, trabalhando na área da saúde, não estivemos em *lockdown* em nenhum momento. Foi bastante triste ver tantas pessoas perderem suas vidas ou seus entes queridos de uma forma tão arrasadora e inesperada. Como sempre, fui muito sensível aos problemas do ser humano, aquela fortaleza foi abalada aos poucos, até que em outubro de 2020, meu pai começou a sentir fortes dores nas costas, arrastar a perna e sentir um formigamento estranho.

Em apenas um mês, vi um homem forte, ativo, se arrastando pela casa. Em menos de dois dias, após uma consulta com um neurologista, ele foi para uma cirurgia para a retirada de três hérnias que estavam bloqueando os nervos da coluna para os membros inferiores. Foi um susto, mas poderia ter tido consequências graves, caso não decidisse pela cirurgia. Ele operou em uma sexta-feira e graças a Deus correu tudo bem. Voltou para casa no domingo e foi então que dois dias depois minha sogra infartou, dentro de uma ambulância, em frente à sua casa e com os seus filhos assistindo a tudo. Pensem na dor de um filho vendo sua mãe ir embora e não poder fazer nada. Mas Ele colocou a sua mão poderosa e no final tudo ficou bem.

Foram dias de muita angústia e medo, que fizeram com que eu não conseguisse "segurar as pontas". Veio uma crise de ansiedade muito forte, que jamais imaginei passar. Foram quinze dias de atestado, cinco dias sem comer e sem dormir. Os piores dias da minha vida adulta, porque acreditava que não suportaria essa fase. A sensação de impotência é muito grande e devastadora. Mas, como sempre, Deus esteve no controle. Fiz o tratamento correto, terapia e, acima de tudo, me entreguei no colo de Deus para que Ele agisse em mim, restaurando minhas forças. Esses momentos, com certeza, me aproximaram ainda mais dEle.

Todo esse processo foi necessário para eu me tornar a mulher que sou hoje. O aprendizado é contínuo. Com o autoconhecimento e a busca pelo desenvolvimento pessoal, me permito ao agir de Deus. Ele faz maravilhas em nós. Tem me mostrado que o meu verdadeiro propósito nesse mundo é impactar positivamente outras pessoas, transformar vidas. E é sobre isso: revelar o amor de Deus à toda criatura, porque **todos** somos mais que merecedores.

"Em tudo dai Graças" (1 Tessalonicences 5:18).

"Revelemos o amor de Deus
à toda criatura, porque todos
somos mais que merecedores.
Obrigada, Pai; obrigada, Filho;
e obrigada, Espírito Santo!"

Kelen Dalben Dota

LARISSA BARÉA TEIXEIRA

Larissa, filha preferida e escolhida do nosso Deus, da Raquel e do Olívio. Paranaense. Mãe de três lindos meninos, Tomás, Lucca e Caio, e esposa do Paulo. E foi aqui, na minha família que Deus começou a me transformar.

Biomédica, especialista em Biomedicina Estética, Acupuntura e *Skincare*. Criei o método SkinQuer, pelo qual atendo de forma *on-line* pacientes em todo o Brasil e em Portugal. Entrego para minhas pacientes a experiência de viver a beleza de uma pele saudável.

Da minha paixão pelo *skincare*, nasceu a LB Beuaty Care, a minha linha de cosméticos. Há três anos descobri que nasci para a docência, assim me tornei palestrante de diversos eventos e docente de graduação e pós-graduação.

+55 (44) 99920-3667
dra.larissabarea
larissa.barea@hotmail.com

O AMOR É REGRA DE DEUS

14

Por Larissa Baréa Teixeira

Nós, como cristãos, precisamos aprender a viver a unidade em Cristo. Precisamos pedir ao Senhor o que eu considero o mais importante: unidade em nossas relações. Jesus quer que permaneçamos unidos a Ele, assim como Ele permanece unido ao Pai. O maior amor que conhecemos é incondicional.

A vida ao lado dEle é mais leve, mas viver ao lado dEle não significa que teremos uma vida sem dificuldades, sem problemas ou vícios. Uma das coisas que já aprendi com Jesus é que a salvação vem pela fé. É preciso confiar em Deus em todos os momentos. O amor é regra de Deus e a minha família é o milagre mais lindo de Deus em minha vida.

Depois de muitos e muitos anos longe desse Amor, pude reencontrá-lo, senti-lo novamente, quando o Tomás chegou. Segurar um filho no colo pela primeira vez é como estar no céu, tocando na mão de Deus, e foi exatamente ali que minha transformação teve início. Ele me ama, Ele me escolheu, com meus 23 anos tive a certeza de que sou a filha preferida, que sou a filha escolhida do Senhor.

O nascimento do meu primogênito é o segundo GRANDE (sim, com letras maiúsculas mesmo) milagre de minha vida. Você, querido leitor, pode estar indagando-se sobre o motivo da palavra GRANDE estar em letras maiúsculas. O motivo é que eu vivo milagres todos os dias, e, em uma conversa informal com o meu esposo durante um café da manhã, concluímos que por meio da nossa fé vivemos pequenos e GRANDES milagres, dos milagres mais simples, que por muitas vezes até passam desapercebidos por nós, até os GRANDES, que nos transformam por inteiro, que nos moldam e que nos ressuscitam para uma vida nova.

Mas se o nascimento do meu primogênito foi o segundo grande milagre de minha vida, você deve estar se perguntando qual o foi o primeiro grande milagre que vivi... Ah, o primeiro: meu casamento. Sem sombra de dúvidas é aqui que Deus mais age em mim, é aqui que sou moldada por Ele para dar ainda mais frutos. Paulo e eu temos uma história bem diferente dos contos de fadas, mas temos uma história de escolha diária e de perdão. Eu escolho o Paulo todos os dias da minha vida e tenho a plena convicção de que sem o perdão não iremos longe. Ao longo desses quinze anos compartilhando a vida com ele, pude viver a transformação de uma jovem que carregava a convicção de que não precisava ter um homem ao lado, pelo fato de ter tido uma juventude longe do meu pai e por ter sido sempre criada com muito amor e sustentada apenas pela minha mãe, ser transformada em uma mulher que reconhece que o esposo é a cabeça do lar.

Entendam uma coisa: toda promessa passa pelo teste do tempo. O tempo não para, não passa mais rápido e nem mais devagar, e temos que aprender a lidar com a dor da espera, mas por meio dela aprendemos grandes lições. Existe o tempo de semear, no qual trabalhamos arduamente. E não é um tempo fácil, porque trabalhamos, lutamos, caminhamos e muitas vezes não enxergamos melhora ou solução, mas é nesse tempo que você precisa fixar seus olhos em Jesus e seguir em frente, sem desistir ou olhar para trás.

A vida também nos apresenta o tempo de silêncio, que é um dos mais difíceis, porque ainda não recebemos as respostas de Deus, o milagre ainda não está acontecendo e é aqui, no silêncio, que você precisa ter fé e nunca, jamais, duvidar. Atente seus ouvidos à boca do Senhor, pois é neste momento que você passa a depender totalmente dEle, que cria intimidade, cresce e amadurece, pois Ele age quando não sabemos ou vemos, e na hora certa, a resposta do socorro virá.

E, por fim, chega o tempo da colheita, em que recebemos o favor de Deus em nossas vidas. E foi exatamente assim que mais uma promessa de Deus se cumpriu em minha vida: o meu terceiro GRANDE milagre, a chegada do Lucca. Ele foi muito desejado por longos dois anos e em meio e infinitos exames, uma perda gestacional e um diagnóstico de trombofilia. Eu vivi a certeza que o tempo de Deus é perfeito, que Ele é o Senhor do tempo e nada foge de seu controle. Então, creia!

Agora, imaginem uma família que por dois longos anos fez de tudo para ter um bebê. O que de mais surpreendente poderia acontecer? Sim, depois de dez meses do nascimento do Lucca, estávamos grávidos novamente. Não estava em nossos planos, mas o Caio era o plano de Deus para nós. E, assim, chegou o meu quarto GRANDE milagre, e o Caio, com seus 2 anos, já tem uma história de força, superação e GRANDES milagres, que vou compartilhar com vocês agora.

Caio chegou e com sua chegada veio seu diagnóstico: estenose de JUP. A explicação do diagnóstico não vem ao caso, mas, para que vocês entendam, o caso dele era cirúrgico. Com apenas 3 meses, nosso bebê foi para a cirurgia que, com a graça do nosso bom e amado Deus, foi um sucesso. Como já era esperado, ficamos sete dias no hospital, em outra cidade, um hospital exclusivamente infantil, e, com toda a sinceridade do mundo para vocês, o lugar mais triste e frio em que já estive em toda a minha vida. São muitas crianças, mães e famílias sofrendo e eu só queria ir embora o mais rápido possível de lá.

Chegou o dia da alta do nosso pequeno e, como de costume, Caio realizou alguns exames para receber, então, a alta. Estávamos lá nós, prontos para voltar para nossa casa, para ficarmos nós cinco juntos novamente. Já era noite, Paulo foi até a casa dos padrinhos do Caio pegar o nosso carro, que havia ficado por lá. Caio já estava dormindo, porque era noite e eu aguardava meu esposo voltar, quando o médico entrou no quarto e disse que nós não poderíamos ir embora, porque com os exames realizados, o Caio tinha sido diagnóstico com um rabdomiosarcoma, um tumor maligno, e que precisaríamos permanecer no hospital. Ele teria que voltar para o centro cirúrgico e realizar a biópsia do tumor, para só então decidir o plano de tratamento e as sessões de quimioterapia.

Sim, eu recebi esse diagnóstico sozinha no quarto, enquanto meu bebezinho dormia como um anjinho. Não consigo descrever muito bem sensação daquele momento, mas é algo muito parecido com estar caindo de um penhasco e não ver o chão, não encontrar um fim para aquele momento e para aquele sofrimento.

Pela primeira vez em nossa vida, Paulo e eu colocamos nossos joelhos no chão juntos, mas não foi para orar, foi porque desabamos. Recebemos muito carinho e muitas orações de pessoas especiais durante esses dias, o que nos dava mais força para passar por aquele momento.

Passamos dois dias, praticamente, em silêncio dentro do hospital, Caio fazia exames 24 horas por dia. Um dos momentos mais desesperadores foi quando a equipe de hematologia entrou em nosso quarto para nos orientar sobre as sessões de quimioterapia que até então ele teria que realizar. Vivemos uma corrente de oração pelo Caio, até que chegou o dia da cirurgia. Eu nunca vou esquecer o que o médico nos disse antes de o Caio entrar para o centro cirúrgico:

— Pai, mãe, vamos iniciar por vídeo para entendermos o tumor na bexiga dele. Dependendo do que encontrarmos, já vamos retirar o que for possível do tumor. Ou então vamos, através do vídeo, pegar a amostra para biópsia. Em cinco minutos realizo a videolaparoscopia e volto para dar notícias a vocês sobre os próximos passos da cirurgia.

E, assim, passaram cinco minutos, quinze minutos, uma hora, sem notícias do que estava acontecendo dentro do centro cirúrgico. Eu estava ali, com meu terço na mão, de frente com Maria, clamando pela sua intercessão. Ah, Mãezinha, Santa que intercede por nós, você sabia exatamente o meu sofrimento naquele momento. O médico saiu do centro cirúrgico e então recebi o meu quinto GRANDE milagre, e ele veio exatamente da forma que eu pedi para Deus, durante aqueles dias escuros.

— Pai, mãe, só tenho notícia boa. O Caio não tem um rabdomiossarcoma. Na bexiga encontramos apenas um coágulo de sangue, por conta da cirurgia anterior que ele realizou.

Alívio, paz, gratidão, meu Deus! Eu sou a filha escolhida e amada dEle. Lembram-se do título deste capítulo? O amor é regra de Deus. Eu escolhi escrever sobre minha família, meu marido e meus filhos, que são o centro do meu universo, eles são a força que me impulsiona. Minha família é o meu "porquê", é nela que eu encontro o verdadeiro sentido da vida. Eles me mostram que o amor é a força mais poderosa do mundo e que, juntos, somos capazes de superar qualquer obstáculo.

Meu marido é meu parceiro, meu amigo e meu apoio. Ele é a rocha em que me apoio nos momentos difíceis e a minha fonte de risadas e alegria nos momentos felizes. Nosso amor é a base sólida que sustenta nossa família e é a partir dessa fundação que nossos filhos crescem e florescem.

Meus filhos são meu orgulho e minha inspiração. Cada sorriso, cada conquista, cada aprendizado deles enche meu coração de alegria e gratidão. Eles me ensinam, todos os dias, a importância da simplicidade, da curiosidade e do amor incondicional.

Em cada gesto de carinho e em cada momento compartilhado vejo refletido o amor de Deus por mim, e é esse Amor que nos une e nos dá a certeza de que, enquanto estivermos juntos, tudo será possível.

Olhem de onde Ele me tirou: filha única, cresci sem a presença do meu pai, e sim, minha mãe fez um belo trabalho, ela executou com êxito o papel de "pãe". Mas o fato é que durante a minha vida ficou claro para mim que eu não precisava de um homem ao meu lado, afinal minha mãe dava conta de tudo sozinha. Sempre fomos eu e ela, ela e eu. Inclusive, quero aproveitar para agradecê-la pelo dom da vida e por todo amor que ela deu a mim, meus filhos e meu esposo. Mas olhem onde ele me colocou: mãe de três, e eu que achava que não precisava de homem, hoje tenho quatro homens na minha vida. Porque vocês sabem, né? Deus capricha! Minha família é minha razão de ser, minha motivação e minha maior alegria, eles são o meu "porquê".

"Você é a pessoa que mais precisa ouvir seu próprio testemunho, para nunca esquecer o que Deus já fez por você e de onde Ele o tirou."

LARISSA BARÉA TEIXEIRA

Leni Dutra

Sou Leni Dutra, tenho 67 anos, nasci em Cidade Gaúcha, noroeste do Paraná. Tenho dois filhos preciosos, César Augusto e Karinn Denise, e três lindos netos, Túlio, Isabella e Giulia. Atuo como empresária no agronegócio, com contratos de arrendamentos de lavoura.

Minha história foi marcada por inúmeras dores: abusada sexualmente aos 8 anos, impedida de sonhar quando adolescente, machucada em meu casamento, desencadeei um comportamento homicida; passei por três lutos dentro da minha família, tive depressão, fui obesa e acometida de uma parada cardíaca. Faço tratamento de apneia e fui diagnosticada com Parkinson.

A lista é grande, mas elas me forjaram, me aproximaram de Deus novamente e me treinaram para hoje eu ajudar pessoas. Fiz cursos de inteligência emocional e busco cada vez mais me desenvolver nessa área, na qual tenho aprendido a ressignificar e superar dores emocionais.

@lenimariadutra

A FORÇA *da Fé*

EM BUSCA DA CURA, RESTAUREI MINHA FÉ

15

Por Leni Dutra

Três anos após a morte do meu marido, coloquei um prazo final para não mais viver a dor. Troquei o cemitério, o choro, a dor, a cor cinza, pelo amarelo do sol, pela praia, por sorrisos e pela presença. Me fiz presente.

Querido leitor, comecei minha história pelo recomeço dela, para dizer-lhe que o objetivo deste capítulo é que sua fé seja renovada, assim como foi a minha e que, apesar do que você possa estar vivendo nesse momento, eu te asseguro: vai passar.

Sou a terceira de onze filhos. Cresci numa família grande, no interior do Paraná. Morávamos todos com minha avó e uma tia, além dos empregados que meu pai tinha. Minha mãe, uma mulher forte, corajosa e de muita fé, todos os dias cozinhava para trinta ou quarenta pessoas. E comíamos do que sobrava. Algumas vezes, nos faltou roupas e calçados, mas, embora tivéssemos, naquela ocasião, poucos recursos, não sofremos com escassez. Meu pai foi um homem exemplar em honestidade e uma capacidade incrível de empreender, com uma visão sempre à frente do seu tempo e, apesar do seu pouco estudo, construiu o seu império com zelo e dedicação.

Comecei a trabalhar aos 8 anos, com meu pai, em sua serralheria. Meus irmãos e eu o ajudávamos, mas aos 15 fui trabalhar com ele no escritório, onde fiquei até me casar. Não fiz faculdade, porque meu pai dizia que mulher não precisava estudar e, na época, eu queria ser médica pediatra. Acabei fazendo um curso técnico em contabilidade para ajudar na empresa, me casei e nunca mais pensei em Medicina.

Leni Dutra

Fui casada por 45 anos, meu marido e eu tivemos quatro filhos, mas dois deles, Lilian e Leandro, morreram horas depois. Eu não sabia que estava grávida de gêmeos, só descobrimos na hora do parto prematuro, em que um faleceu oito horas e o outro 24h após o nascimento. Quando fecho os olhos, lembro-me dos seus rostinhos, no caixão, como se fosse hoje. Sempre ouvimos falar que uma mãe nunca espera enterrar os filhos, pois essa não seria a ordem natural da vida, e eu passei isso duas vezes.

Um ano e meio depois, fiquei grávida do meu último filho, o César, que, na falta do pai, se tornou, hoje, meu porto seguro. A Karinn é minha primogênita, filha preciosa. Ela e o César me apoiaram quando procurei ajuda para me curar. Eles me levavam e me buscavam em todos os encontros, que eram em outra cidade. Passei por altos e baixos em meu casamento. Houve amor, mas muita dor também. Traições, discussões constantes e brigas, mas permanecemos juntos até sua morte. Meu marido teve câncer de mama e me dediquei somente a ele, desde quando descobrimos a doença. Foram quatro anos e meio de muito sofrimento, indo e vindo para onde o encaminhavam. Curitiba, São Paulo, Brasil adentro. Fazia quimioterapia e radioterapia, mas esses procedimentos o debilitavam ainda mais. Sabíamos que não tinha cura. O câncer estava avançado e com metástase. Já não havia tratamento efetivo, apenas o paliativo para aliviar a dor.

Doeu muito e fiquei muito abatida e debilitada após a sua morte. Sofri por três anos a dor do luto, difícil de aceitar, mas fui levando a vida. Nesse período, descobri que tinha Parkinson e foi uma surpresa para mim ao perceber minhas mãos trêmulas, o que eu não percebia enquanto estava cuidando dele.

Tive depressão por tantas dores acumuladas, não tratadas dentro de mim. Eu também ainda não tinha superado o abuso que sofri aos 8 anos, por um funcionário do meu pai. Meus pais nunca souberam, porque nunca tive coragem de lhes contar. Mantive isso escondido por muito tempo, por medo, por vergonha e porque não queria me lembrar; era uma forma de autoproteção. Na verdade, eu não queria voltar àquele cenário de dor. Meu marido faleceu sem nunca saber, eu tinha medo de não ser compreendida.

Há pouco tempo, tudo veio à minha mente; lembranças desse passado me mostravam que o que havia ocorrido era um abuso sexual. A aceitação foi difícil e dolorida, mas me abri para duas irmãs, sentindo um alívio imediato, ao mesmo tempo que sentia raiva do abusador. Tudo o que descobri e vivi me foi mostrado num curso de constelação que fiz em Curitiba, no qual, pouco a pouco, as feridas foram abertas, medos esquecidos por mim, pois tudo o que nos machuca procuramos esquecer, deixar escondido, pois doem muito as recordações. Sofri, chorei e adoeci, até me curar. Passei por processos de cura e libertação, em que tive que perdoar e pedir perdão. Foram vários meses de choro, coração dolorido, várias vezes sem dormir, sem forças até para dar boa noite ao meu filho, que naquela ocasião me buscava depois das aulas.

A minha fé busquei recentemente retomá-la. Eu tinha me afastado de Deus. Eu não entendia por que passava por tanto sofrimento e nem tinha consciência dos meus traumas, muito menos sabia como sair daquela situação. Então, me revoltava com Deus, como se Ele estivesse alheio a tudo isso e Se esquecido de mim. Mas reforço que a fé é muito importante para, inclusive, se achegar a Ele. E eu descobri que a minha fé me fazia falta.

A minha mãe foi um exemplo de força e fé inabalável. Ela é minha referência quando o assunto é fé. Sempre me lembro dela rezando, cantando, assistindo suas missas, fazendo seu devocional. Ela faleceu logo após o meu marido. E, novamente, tive que superar outra perda. Mas a vida é assim, e precisamos lidar com situações difíceis todos os dias, sobretudo a partida de quem amamos. Nos tornamos mais fortes com situações complicadas.

No curso de constelação, me descobri uma outra mulher. Mais feliz, mais alegre, mais acolhedora, mais mãe, mais avó, mais mulher. Aprendi que o tempo é remédio para a alma dolorida, machucada e sofrida. Sou grata à mestra e a minha turma do 20º Encontro do Viver e Conviver que, com muito respeito à minha vida exposta, foram muito solícitos e amáveis. Com tudo o que me foi ensinado e libertado, minha alma foi se acalmando aos poucos; minha fé se renovando; meu sorriso e minha vontade de viver, voltando; e meus sentimentos de amor, perdão e aceitação, recuperados. Fui me fortalecendo e aceitando que sou abençoada, filha do Pai celestial e que tenho uma família abençoada.

Com a fé restaurada, tenho ido às missas, feito minhas orações diárias para que meu dia seja mais feliz e abençoado. Quando busco aceitação no meu eu, sei que estou no caminho de cura, no qual toda a minha vida exposta fica pequena diante de toda realidade vivida. Quando trago à mente toda a minha história, já não sinto dor, mas orgulho de tudo o que passei para chegar aonde estou hoje. Cada pedaço que consegui juntar foi com dor, lágrima, fé e esperança. E tudo o que falta terminar será de uma maneira mais leve, porque o meu processo de cura já foi iniciado.

Com a minha fé aumentando dia após dia, tenho me tornado uma mulher mais sábia, serena e forte, o que antes estava perdida em pensamentos sombrios. Hoje me seguro nAquele que tudo pode. E que "tudo posso nAquele que me fortalece".

Graças a Deus e às pessoas que Ele colocou em meu caminho, os cursos de inteligência emocional que fiz foram muito precisos, profundos e curativos. Minha mudança foi transformadora, do início ao fim. Me tornei uma outra pessoa, completamente diferente, tanto na maneira de me vestir e me comportar, como na maneira de me aceitar e aceitar os meus filhos com seus defeitos e virtudes; e aceitar os meus irmãos com a maneira de cada um. Inclusive, devo muito coisa de quem sou hoje à minha irmã Raquel. Foi ela quem me apresentou o desenvolvimento pessoal, por meio dos cursos de inteligência emocional, o CIS, do Paulo Vieira, e o curso de constelação da Elza Carvalho. E até quando eu busquei conhecer e me envolver no autoconhecimento e cura das dores emocionais, sempre acontecia algo no dia em que eu tinha que me deslocar até as aulas e encontros. Como se algo me puxasse para trás, para eu não seguir com minha cura e libertação. Eu tive que ser muito resiliente e persistente nesse período.

Tive que me reeducar mental e fisicamente; foi quando retomei minha comunhão com Deus. Me senti espiritualmente mais conectada. Meus filhos e meus irmãos falavam que eu tinha mudado muito e aquilo me deixava ainda mais feliz. É o que acontece quando somos transformados de dentro para fora. A mudança se torna aparente.

Com isso, sei que posso ajudar as pessoas à minha volta, que necessitam de uma palavra, de um abraço, e estou disposta a ser ouvidos para outros, assim como um dia foram para mim. Hoje tenho uma outra visão da vida. Sei que o amanhã sempre me trará coisas novas, tanto em conhecimento, quanto em amizades, como em amor com o próximo. Eu me aproximei mais dos meus irmãos, porque tínhamos nos afastado um pouco.

Hoje, continuo estudando sobre inteligência emocional, sou mais participativa em causas sociais, participo de grupos que ajudam outras pessoas que precisam desabafar, ser ouvidas, fortalecidas e curadas em suas dores. É muito bom sentir o gosto da vitória em nossa vida, quando sabemos que todo o sofrimento tem um propósito de cura do nosso eu.

Devemos ir em busca de situações não resolvidas. Mexer em feridas que foram fechadas sem tratamento. É dolorido, mas é preciso tratar a infecção da nossa alma.

A minha história foi marcada por inúmeras dores: abusada sexualmente aos 8 anos, impedida de sonhar quando adolescente, machucada em meu casamento, enfrentei uma opressão tão profunda que tentei contra a vida do meu marido, busquei tratamento psicológico e psiquiátrico, em que tomei remédios por alguns anos. Passei por três lutos: meus dois filhos, marido e mãe; tive depressão, fui obesa; tive uma parada cardíaca, que graças a Deus não me deixou sequelas. Tenho apneia e Parkinson, e sigo me cuidando e me tratando. A lista é grande, mas elas me forjaram, me aproximaram de Deus novamente e me treinaram para, hoje, eu poder ajudar pessoas.

Espero, por meio do meu testemunho, edificar a sua fé e dizer que não existe dor pequena que não pode ser identificada e nem dor grande que não possa ser curada. Dor é dor e não pode ser ignorada, precisa ser tratada.

Procure ajuda, mas não esqueça da sua fé, porque você vai precisar dela do menor ao maior problema.

Que Deus abençoe você e sua família.

"O tempo é remédio para a alma dolorida, machucada e sofrida."

LENI DUTRA

Letícia Cardoso

Sou Letícia Cardoso, natural de Maringá/PR, cidade onde vivo com minha família: meu amado esposo Daniel e minhas duas filhas, Luísa e Júlia, as razões do meu sorriso e inspirações por trás dos meus esforços para fazer a diferença no mundo.

Sou assessora empresarial, com mais de uma década de experiência, dedicada a auxiliar organizações na busca pela excelência em sua gestão. Nos últimos seis anos, tenho concentrado meus esforços em promover a ética e a integridade, por meio do *compliance*. Também ministro palestras, treinamentos e mentorias, sempre buscando impactar e transformar pessoas e lugares.

leticiacardoso

https://lcverum.com.br/

leccardoso

contato@lcverum.com

A FORÇA *da Fé*

MEU DESPERTAR ESPIRITUAL: UMA HISTÓRIA DE CONEXÃO E PROPÓSITO

16

Por Letícia Cardoso

> Tarde demais eu Te amei! Eis que estavas dentro, e eu, fora – e fora Te buscava, e me lançava, disforme e nada belo, perante a beleza de tudo e de todos que criaste. Estavas comigo, e eu não estava Contigo... seguravam-me longe de Ti as coisas que não existiriam senão em Ti. Chamaste, clamaste por mim e rompeste a minha surdez. Brilhaste, resplandeceste, e a Tua luz afugentou minha cegueira. Exalaste o Teu perfume e, respirando-o, suspirei por Ti, Te desejei. Eu Te provei, Te saboreei e, agora, tenho fome e sede de Ti. Tocaste-me e agora ardo em desejos por Tua paz!
>
> (Oração de Santo Agostinho)

Desde cedo, fui ensinada sobre Deus, a importância da fé e da religião. Cresci frequentando a Igreja. No entanto, por muito tempo, minha conexão com Deus parecia superficial, uma formalidade em vez de uma experiência genuína. Eu apenas seguia os preceitos. As sensações de conforto e plenitude que tantos descreviam pareciam distantes, e minha vida se desdobrava em uma busca por autossuficiência, controle e perfeição, uma jornada marcada por desafios e muito, muito cansativa.

Não pedia ajuda a Deus, não acreditava que Ele poderia me ajudar. Eu deveria resolver tudo sozinha, precisava ser responsável, independente, autossuficiente. Até porque, há tantas pessoas no mundo que tem ou tiveram vidas mais sofridas, cicatrizes mais profundas. As minhas estavam cicatrizadas, curadas (eu achava), eu havia curado sozinha. Deus não tinha por que olhar para mim. Meus problemas eram pequenos perto dos problemas de outras pessoas, tão comuns; que fraca eu seria se precisasse de ajuda para curá-los. Eu não merecia. Eu também não via o agir de Deus, não O conhecia e não O sentia no meu dia a dia.

Um treinamento que fui para me capacitar tecnicamente, em busca da perfeição, acabou sendo o início da minha jornada. Foi onde me dei conta da deficiência de autoconhecimento e da distância de Deus. Foi ali que recebi e aceitei o convite de me conectar com Ele; foi um despertar, um abrir de olhos, passei a sentir e perceber o Seu agir. Percebi que na maior dificuldade que tive, por orientação de minha mãe, foi a Ele que recorri, por intercessão de Maria, e por Ele fui atendida. Corri o risco de perder minha primeira filha no início da gestação e não havia nada que eu pudesse fazer, apenas esperar. No único momento que não tinha controle nenhum, me restou esperar nEle; a única vez que pedi e só esperei, Ele atendeu.

A partir do dia que aceitei o convite para me conectar com Ele, minha vida mudou. As escamas de meus olhos caíram e eu passei a perceber a presença de Deus, recebendo, inclusive, sinais e visões. Recebi, por meio de um irmão, a visão de que Jesus enviou um anjo, como seu advogado, para firmar comigo e minha família nosso compromisso. Percebi que é um Deus de detalhes – sabe que gosto de registros, organização, acordos – me ama de forma pessoal, me conhece tão bem e profundamente, e usou isso para falar comigo.

Pode ser que precisemos nos conhecer de verdade. Eu precisei... passei a me questionar o que precisava mudar. Quem eu era? Passei a analisar os meus valores, ações, talentos. Olhei também o que estava doendo em mim, o que me impedia ou limitava. Precisei buscar me conhecer, me cuidar, tratar aquelas cicatrizes que achava que estavam fechadas, perdoar e pedir perdão. Para me encontrar com Deus, precisei entender que os meus problemas não são insignificantes ou menores que os de outras pessoas. Ele também olha por mim e me ama. Ele conhece nosso jeito, preferências e estilo, se conecta perfeitamente, se comunica como iremos entender, nos ama como precisamos ser amados e esse amor vem a qualquer tempo, basta que a gente queira e aceite recebê-Lo.

Deus sabe que não somos perfeitos e que não estamos prontos para viver a vida que nos preparou, alcançar nosso propósito e a vida plena. Às vezes, nem sabemos qual é nosso propósito. Ele nos prepara e, durante o caminho, enquanto nos conhecemos e crescemos, encontramos nosso propósito.

Coloquei em oração minhas dores e dúvidas, pedi orientação, confirmação, alinhei meus planos aos Dele, comecei a abrir mão de todo o controle. Identifiquei o que precisava mudar, melhorar, acrescentar, que eu não era perfeita e nem precisava ser. Entendi que precisava buscar conhecimento, conhecimento religioso e espiritual, aprender, me preparar para compartilhar e inspirar. Nunca havia me aprofundado na fé, em conhecer Jesus, e esse foi meu primeiro passo.

Eu já sabia, dentro de mim, que meu propósito era trabalhar por algo mais amplo, coletivo. Contribuir para a melhoria de todos. Até porque eu sempre fui indignada em relação a alguns aspectos sociais em nosso país, inconformada com a cultura do "jeitinho brasileiro".

Desde que conheci e comecei a trabalhar no Observatório Social do Brasil (OSB), em 2013, tive a certeza de que era para contribuir com a justiça social no Brasil que eu deveria trabalhar. Incentivar o exercício da cidadania, contribuir para a excelência da gestão pública, participar ativamente da transformação do Brasil. Sempre foi isso que eu quis fazer e é isso que o OSB faz. Conhecer o *compliance*, enquanto trabalhava no OSB, foi um presente de Deus (mas só percebi Seu envolvimento anos depois). *Compliance* é um sistema de gestão de negócios que reúne mecanismos para garantir a conformidade e boa condução de pessoas e processos, promovendo a ética e a integridade.

E esse, eu achava, era meu propósito, trabalhar para transformar por meio da cidadania, da ética e da integridade. E há anos vinha trabalhando e me dedicando a isso. Busquei conhecimento técnico, busquei adquirir experiências e aprender. Eu me preparei, mas as coisas não aconteciam como eu havia planejado, não deslanchavam, não causavam o impacto desejado.

E foi outra ficha que caiu, às vezes, não conseguimos algo tão desejado que está apenas nos nossos planos, apesar de tanto esforço e dedicação, porque não é o que Deus tem para nós, não é só isso que Ele quer de nós. Às vezes, temos em mente o objetivo errado, fazemos algo bom, mas pela razão errada ou, como no meu caso, faltando o ponto principal. E o que faltava era Ele. Cidadania, ética, integridade. Deus. Deus, cidadania, ética e integridade.

Meu objetivo é proclamar a Palavra de Deus e, além de proclamar, incentivar boas ações e condutas, a exemplo de Jesus, e servir. Estamos neste mundo para servir e fazer o bem. Fazer o bem para você, sua família, amigos, colegas de trabalho, para o próximo, para a sociedade.

O meu propósito é dar exemplo de que servir é recompensador. Eu escolhi servir a sociedade, buscar o bem, primeiramente, do coletivo, o que também é o que me beneficia. Por isso, sempre fui chamada de ingênua, mas hoje sei que não é ingenuidade, é coragem. E faz bem para você, indivíduo, e faz bem para quem está ao redor, o próximo. É possível ganhar a vida servindo a um bem maior.

Confesso que, para mim, a parte mais difícil foi (e ainda é) soltar as rédeas, parar de tomar todas as decisões sozinhas e ser racional em tudo. Comecei a pedir a Ele, sentir sua resposta e buscar agir com confiança, obediência e mansidão.

Outro desafio envolveu baixar a guarda. Aceitar ser cuidada e ser imperfeita. Doeu entender que minha busca pela perfeição vinha do medo de julgamentos e críticas, de ser pouco ou ruim o que eu fazia, pessoal e profissionalmente. Hoje aceito minha vulnerabilidade e não espero a perfeição para agir.

Precisamos agir, ter coragem e agir. "A fé sem obras é morta" (Tiago 2:17). Coragem de ser o melhor que podemos ser. Agir pelo bem e servir. Caminhar na fé, confiar em Deus e anunciá-Lo. Eu trabalho, me capacito e me desenvolvo para ser a melhor pessoa e profissional que posso ser e confio que, em Deus, serei. E agindo em Deus foi onde senti o maior impacto. Aquela jornada cheia de desafios, cansativa, que não deslanchava, se transformou. O caminho passou a ter mais tranquilidade e alegria. Quando a gente passa a sentir Cristo, passa a ter mansidão, leveza, segurança, paz...

Isso não quer dizer que os desafios acabaram. Está claro que esse processo, a jornada, não é sem dor, erros ou dificuldades, mas tenho a certeza de que se a missão e a visão que Deus me apresentou é boa, poderosa; a dor compensa e Ele está comigo. O que me traz essa segurança e conforto é confiar e descansar nEle. Esse primeiro passo que eu dei, um passo em direção a Deus, foi essencial e me sustenta.

Agora rezo a Deus: "Me ajude a ser quem eu posso ser, quem o Senhor me fez para ser, sem magoar, sem passar por cima de ninguém. Pai, ilumine minha mente e me dê entendimento, ilumine e abra meus ouvidos para Te ouvir e ouvir aos meus irmãos. Ilumine minha boca para que eu use para o bem as minhas palavras, transmitindo o que há em meu coração. Enche meu coração do Teu Espírito Santo, do Teu amor. Em nome de Jesus e por intercessão de minha mãe Maria. Amém!". E vou confiante e segura de que posso servir ao meu propósito, contribuir para transformar, ajudar pessoas e empresas a resgatarem valores éticos, contribuir para o bem coletivo, ter sucesso e felicidade em todas as áreas e, principalmente, inspirar outras pessoas a se aproximarem ou se reaproximarem de Deus, mostrar que cada atitude de amor importa, cada semente plantada vale a pena.

Eu precisei pedir, confiar e descansar. Pedir ajuda e orientação, confiar que Ele é comigo e me protege, confiar que Ele tem grandes coisas para mim e irá me auxiliar, e descansar, deixá-Lo agir. Deixar Deus no controle. Encontrei a Deus dentro de mim, na minha integralidade.

Convido você a abrir seu coração para essa possibilidade, cada um de nós tem o potencial de despertar para uma conexão com Deus e servir significativamente ao próximo. Juntos, em Cristo, podemos transformar nossa realidade, fazer de nossa casa, nosso trabalho, nossa cidade, nosso país, o mundo, um lugar mais justo, compassivo e amoroso. Deus espera por você. "Mas os que esperam no Senhor renovam suas forças, criam asas, como águias, correm e não se fatigam, podem andar que não se cansam" (Isaias 40:31).

“É possível ganhar a vida servindo a um bem maior.”

Letícia Cardoso

Lysiane Serozini

Filha amada do Pai, abençoada e guiada por Ele. Filha do José e da Inelmi, irmã do Christian e Klismann e tia/dinda da princesa Laura. Há dez anos divido a minha vida com o Leonardo, um homem que chegou para me transformar.

Formada em *master* e *business coach* pela Florida Christian University, analista de perfil comportamental pela Febracis, sou palestrante, com temas voltados à inteligência emocional e, agora, posso dizer que sou escritora. Escrever este capítulo foi transformador em minha vida.

Minha trajetória começou na fisioterapia, no entanto, foi na metodologia do *coaching* integral sistêmico que compreendi que a verdadeira mudança acontece de dentro para fora. Encontrei minha paixão em orientar pessoas, desvendando o potencial extraordinário que existe dentro delas.

+55 (45) 98827-5398
lysianeserozini
lysiselect@gmail.com

FAZENDO A COISA CERTA DE TODO O CORAÇÃO

17

Por Lysiane Serozini

Na vida sempre teremos obstáculos externos, mas o maior deles está dentro de nós, bem no nosso coração. Ao longo da nossa vida, buscamos muitas coisas, esperando encontrar realização nelas, mas se não colocarmos o amor como prioridade, todos nossos planos serão fracassados. Não se engane pensando que é possível amar a Deus enquanto alimenta mágoa por outras pessoas, nem que a abundância na sua vida chegará fazendo as coisas certas por motivações erradas.

Antes de tudo, gostaria de trazer uma analogia que nos mostra o quão importante é cuidarmos do nosso coração. Existe o coração físico e o coração espiritual. Fisicamente, o coração é o órgão que nos mantém vivo, quando ele para de bater, é um sinal que a vida chegou ao fim. Espiritualmente, o primeiro e grande mandamento nos diz: "Amarás o Senhor teu Deus de todo o teu coração, e de toda a tua alma, e de todo o teu pensamento" (Deuterônimo 6:5). Certifique-se não apenas de fazer as coisas certas, mas também de ter um coração que agrada ao Senhor.

Naturalmente, muitas pessoas têm um coração sincero, amam a Deus e vivem o amor como uma virtude do Espírito Santo. Essa não era uma realidade em minha vida, mas Deus usa pessoas para nos transformar. Sabendo o quanto eu precisava ser resgatada para o lugar de filha amada de Deus, Ele me abençoou com um esposo cuja família tem como princípio de vida a fé, a generosidade e a benevolência. Por meio dessa convivência, compreendi que sem Deus não temos nada, mas com Ele temos tudo. Aprendi que ao dar, nada nos é tirado, mas sim multiplicado. Foi então que meu coração começou a ser quebrantado.

Todos nós precisamos aprender a expressar o amor. O amor não é teoria ou palavras, a verdadeira expressão do amor está em suas ações. De nada adianta gritar ao mundo que ama, se as suas ações não forem expressões do amor. Viver segundo o coração é conseguir abençoar as pessoas, orar por aqueles que nos feriram, desejar que elas prosperem e encontrem esse caminho de paz. É sentir a alegria ao ofertar, sabendo que aquele que mais ganha é quem dá. É perdoar e se autoperdoar. Essa é a atitude que Deus espera de nós. Em Lucas 6:43-45, vemos que:

> Nenhuma árvore boa dá fruto ruim, nenhuma árvore ruim dá fruto bom. Toda árvore é reconhecida por seus frutos. Ninguém colhe figos de espinheiros, nem uvas de ervas daninhas. O homem bom tira coisas boas do bom tesouro que está em seu coração, e o homem mau tira coisas más do mal que está em se coração, porque a sua boca fala do que está cheio o coração.

Feche os olhos e reflita sobre quais sentimentos predominam em seu coração. Essa simples prática pode revelar muito sobre o que você carrega consigo e como esses sentimentos têm influenciado os seus resultados.

Ao refletir sobre essa passagem, percebi que meu coração estava repleto de mágoa, medo, culpa, insatisfação, ingratidão, desesperança e tristeza, ou seja, incapaz de expressar gratidão, generosidade e bondade. Diante desse coração endurecido, eu fazia as coisas certas, pelos motivos errados.

Quando comecei ter clareza sobre esses sentimentos, eu me perguntava de onde eles se originavam, já que eu tinha memórias lindas da minha infância, do cuidado e do amor dos meus pais. Sei que fui desejada, amada, protegida, cuidada, eu cresci em um lar de amor, então nada justificava esse coração endurecido. No entanto, algumas experiências da minha vida deturparam meus sentimentos de amor e gratidão. Acabei ficando presa ao passado, sem acreditar que havia um futuro mais bem reservado para mim. Hoje, vejo o quanto poderia ter sido diferente se eu tivesse acreditado que Deus estava cuidando de tudo. Mas, não há espaço para arrependimentos na jornada da fé, precisamos crer que "tudo coopera para o bem daqueles que amam ao Senhor" (Romanos 8:28).

Essa transformação não ocorreu subitamente, sinto que estou passando por um período de aprendizado, no qual Deus tem me capacitado por meio de desafios, que me fazem acessar o próximo nível. A cada dia, busco orientação divina e percebo que Ele exige de mim mais coragem e obediência. Contudo, mantenho a firme convicção de que Deus deseja restaurar o que está quebrado e renovar o que foi perdido. Reconheço que há aspectos desconhecidos dentro de mim que precisarão ser expostos, mas confio que Deus revelará essas áreas à medida que eu estiver pronta para repará-las.

A restauração de corações endurecidos não ocorre apenas por uma decisão consciente, exige uma intervenção divina. Somente o Espírito Santo é capaz de penetrar nas profundezas de nossas almas e curar as feridas ali presentes. Vemos isso em Ezequiel 11:19: "Dar-lhes-ei um coração não dividido e porei um novo espírito dentro deles; retirarei deles o coração de pedra e lhes darei um coração de carne".

Conforme mergulho na Palavra de Deus, reconheço o poder soberano de Jesus, que realizou milagres incríveis durante seu tempo na Terra. Ele curou os doentes, transformou água em vinho, alimentou multidões com poucos pães e peixes, acalmou tempestades. Somente Ele tem o poder de restaurar um coração partido. Deus é um Pai amoroso, sempre pronto para nos acolher de volta, independentemente das circunstâncias. Nada pode nos separar do amor de Deus.

Muitas foram as vezes que me sentei para conversar com Deus, e nem mesmo sabia o que falar, como orar, como mudar. Em uma conversa, uma amiga disse: "Quando estamos com Deus, é melhor ter um coração sem palavras do que palavras sem coração". Entendi que Deus estava me testificando, Ele estava me ouvindo, mesmo que eu só tivesse o silêncio e um coração para entregar naquele momento.

Em um desses momentos de silêncio, eu reconheci que a ingratidão e a falta de perdão haviam sidos meus maiores obstáculos. Eu não entendia exatamente o que era ser grata, eu ouvia as pessoas falando do tema, mas não conseguia entender: como ser grata pelo que não tenho? Como ser grata a essa vida tão sobrecarregada que levo? Como ser grata a essas coisas ruins que me aconteceram? Talvez, você já tenha feito essas perguntas a si mesmo, e, assim como eu, nós só entendemos esse assunto quando passamos a agir de todo o coração. Nós só conseguimos reconhecer nos outros o que já existe em nós. Então, apenas depois que comecei comunicar a gratidão de maneira intencional, comecei a viver os benefícios de um coração grato.

A gratidão é um reflexo da humildade, ela é capaz de nos abençoar infinitamente mais do que imaginamos. Ser grato é o princípio que nos permite viver uma vida com propósito, um coração grato sabe abençoar desde as boas obras, até mesmo os planos frustrados, pois sabe que Deus reserva o melhor para a sua vida. Quando somos capazes de expressar gratidão, testemunhamos a materialização das promessas de Deus em nossa vida.

Enquanto a ingratidão revela o orgulho que carregamos, levamos tempo para perceber o quanto somos envenenados por esse sentimento que endurece nosso coração. A curto prazo, ela se manifesta de forma inconsciente, mas como uma doença silenciosa, ela toma conta do nosso coração e dos nossos sentimentos. Gradualmente, nos tornamos omissos, acovardados, carregando conosco uma carga pesada de sentimentos, como culpa, inferioridade, baixa autoestima, comparação, autossuficiência, inveja, medo, ressentimento e mágoa. Ou seja, a ingratidão nos afasta do propósito de Deus para nossa vida.

E como reconhecemos a ingratidão, na prática? Pelo nível de insatisfação que carregamos ao longo do dia. O quanto você reclama do sol, da chuva, das pessoas, dos resultados? O que verdadeiramente sai da sua boca e dos seus pensamentos?

Depois de reconhecer o quanto eu manifestava minha ingratidão por meio da insatisfação, eu também precisava aprender a perdoar. Assim como precisei ser intencional ao expressar a gratidão, eu também precisei aprender a perdoar. Perdoar não é um sentimento, perdão é decisão. Perdoar não é esquecer o que lhe aconteceu, muito menos fechar os olhos para os maus comportamentos, perdoar não é negar o seu sofrimento. Quando decidimos perdoar, estamos escolhendo ser livres, rompermos as barreiras que nos prendiam ao estado de mágoa, rancor, raiva e ódio. Ao olhar para o seu passado, ele não irá ser marcado pela dor, você recupera a sua força e define um novo destino. Perdoar é aprender a sentir paz ao olhar para o seu passado.

Embora não possamos alterar o passado ou desfazer nossos erros, a verdade é que todos nós temos um passado, com pecados e arrependimentos. Contudo, a promessa divina é clara: Deus chama aqueles que carregam um passado marcado pela dor e arrependimento para um futuro poderoso e abençoado. Não importa como foi o início de sua jornada, o futuro ainda está por ser escrito, com suas páginas em branco aguardando serem preenchidas com os propósitos de Deus para sua vida.

Não poderia concluir este capítulo sem lembrá-lo de que tudo o que é trazido à luz é passível de cura (João 1:7). Trazer à luz significa abrir o coração a Deus, revelar o que está em seu íntimo, aquilo que apenas você e Deus conhecem. É não ter medo de se expor verdadeiramente diante do único que realmente conhece o seu coração. Confie que Deus dará a direção certa para que você saiba como agir diante de qualquer situação.

Deus deseja transformar todas as áreas da sua vida, Ele o chamou para uma vida de abundância. Que você, assim como eu, lembre-se de que tem um Pai cuidando da sua transformação. Seja obediente e confie. Ele sabe do que você precisa para ter uma vida plena. Nunca é tarde para começar a ser cuidado por um Pai assim.

Agora é com você: reconheça o que tem endurecido o seu coração, arrependa-se e Ele o tratará com o amor que o mundo não conhece. Permita que Ele o envolva em Seus braços amorosos e o guie em direção a uma vida renovada, fazendo as coisas certas e de todo o coração.

"A restauração de corações endurecidos não ocorre apenas por uma decisão consciente. Exige uma intervenção divina."

Lysiane Serozini

MARCHESAN

Sou Marli Bonissoni Marchesan, casada há 23 anos com Jairo Marchesan e mãe da Gabriela. Sou empresária do ramo da moda em Santa Catarina, tenho uma boutique na cidade de Concórdia, onde moramos atualmente. Meu marido é professor doutor na Universidade do Contestado (UNC), e minha filha, estudante de cursinho pré-vestibular.

Fiz o Método CIS, uma imersão de inteligência emocional, do Paulo Vieira, ao qual fui encorajada por minha filha, que também o fez. Cada vez mais, estou buscando conhecimento e aprimoramento no estudo das emoções.

Minha história de vida é marcada por fé e oração; tive como exemplo os meus pais que, juntos, todos os dias, faziam sua devoção a Deus, até o dia em que Deus os chamou para Si. A força da fé deles fortaleceu a minha.

+55 (49) 99968-0718

marlit.b

rosacharmeboutiquee

marliterezinhabm@gmail.com

A ARTE DA ORAÇÃO

18

Por Marli Marchesan

Nasci no ano de 1968, em Ipumirim/SC; filha de Antônio e Maria; caçula de nove filhos. Cresci num lar cristão católico e aprendi, com meus pais, a devoção e o temor a Deus. Rezávamos o terço praticamente todos os dias à noite e orávamos antes das principais refeições.

Aos 5 anos, contraí a doença do tétano e fiquei 28 dias hospitalizada. Meus pais passaram por momentos desafiadores. Hoje, sei que estou aqui por um milagre de Deus, pelas orações dos meus pais, familiares e amigos. Lembro-me que grande parte da comunidade rezava por minha recuperação. Fui crescendo nesse lar de fé e oração.

Por um período, acompanhei minha mãe nas consultas médicas que, em uma ocasião, o médico explicou para nós, sobre o cuidado que teríamos para não a deixar cair, pois seus ossos estavam fracos e esponjosos. Lembro-me de ter ficado muito triste, afinal se tratava de minha mãe. Ela iniciou um tratamento médico e nesta época eu já morava em uma cidade próxima.

Certo dia, deparei com uma oração de Santa Catarina, na qual dizia que ela era proteção contra quedas e tombos. No mesmo instante, lembrei-me de minha mãe. Fui visitá-la no fim de semana, levei comigo a oração e ao lhe entregar disse que eu tinha achado o remédio para ela. Quero enfatizar que ela e meu pai fizeram essa oração por longos anos, senão dizer, até o fim de suas vidas. Eu a tenho sempre na minha carteira e tenho como hábito a prática de xerocar, plastificar e entregar para quem sinto arder em meu coração, como ato de gratidão dos livramentos recebidos, pois inúmeras vezes meus pais caíram, porém nunca se quebrou osso algum.

No decorrer da minha vida, ao enfrentar desafios, o que me sustenta é a prática da oração. Quando vem um dia desafiador, lembro-me dos meus pais, que não desanimavam e não murmuravam, apenas continuavam com a sua devoção. E, assim, fui dando sequência ao aprendizado, aos exemplos vividos por eles.

Em um momento da minha vida, percebi que estava com dificuldades em várias áreas, inclusive na saúde física – uma dor na perna esquerda – que não tinha nenhum diagnóstico. Comecei a fazer atividade física intensa, porém não conseguia realizar os movimentos, devido às dores. Assim começou minha jornada em busca da cura do corpo, massagens relaxantes em sessões de massoterapia, mas percebi que era muito além. Em certa ocasião, comentei com uma das minhas irmãs que eu teria que começar na academia da alma. Daí, então, iniciei um processo com uma conselheira espiritual, que me auxiliou aprimorando o que aprendi com meus pais.

Passado algum tempo, meu pai adoeceu, intensifiquei muito as minhas orações, acompanhei junto aos meus irmãos o processo dele, pedindo muito a Deus para que ele melhorasse, pois não me imaginava sem ele. Meses depois, entre dias acamado em casa e internações no hospital, meus irmãos e eu tínhamos a esperança de que ele seria curado, embora viéssemos de situações tristes e de momentos ruins. Porém, vivi momentos maravilhosos ao lado do meu pai, tão grande era a sua fé, que mesmo no hospital, mantinha sua rotina de devoção a Deus. Nas madrugadas, via-o comungar e passava a comunhão para mim. A força que ele tinha, momentos desafiadores sem murmurar, vinha dessa vida de oração. E eu, de igual modo, estava me fortalecendo vendo o seu exemplo.

Nesse tempo, intensifiquei ainda mais minhas orações. Rotineiramente, ia ao Santíssimo, na capela da minha cidade. Isso foi me trazendo muita esperança e acalento na alma. Isso durou alguns meses, até que meu pai partiu. Durante todo o processo dele, busquei tanto a Deus e fazia o que podia por ele e para ele com tanto amor, que Deus me deu a graça de aceitar sua partida, ao passo que quando uma das minhas irmãs me ligou avisando que ele havia partido, eu olhei para um quadro do Sagrado Coração de Jesus, falei em voz alta que agora sim, ele estaria bem cuidado por Deus onde ele estivesse, por conta das nossas limitações humanas.

Minha mãe, em contrapartida, abalou-se muito, ao passo que alguns meses depois, não conseguia mais andar e passou um período numa cadeira de rodas. Ela estava com 87 anos quando meu pai faleceu. Muito companheira, dava sempre muito apoio a ele, rezava, profetizava palavras de esperança, mas agora estava fragilizada, sem seu companheiro de vida. Voltei a minha busca intensa na oração, agora por ela. Além de ir rotineiramente ao Santíssimo da Capela, buscava ajuda, também, na casa das freiras, um bairro próximo da minha cidade. Pedia que elas incluíssem a minha mãe nas orações.

Quanto mais ia buscar no Santíssimo da minha capela e para junto com as freiras as orações para minha mãe, algo lindo estava acontecendo. Enquanto eu me entregava intensamente em oração por ela, aprendia algo a mais para a minha caminhada. Sempre acontecia alguma coisa que me fortalecia na fé e aliviava minha alma. Com o passar do tempo, percebi que eu retornava diferente, transformada. Costumava dizer que eu subia água e descia vinho, tanto no Santíssimo, quanto na oração para com as freiras. Percebi que nessa busca intensa para eles, era muito mais para mim do que para eles.

Numa ocasião, fui ao Santíssimo pedir orientação a Deus sobre o que fazer, pois minha mãe estava sendo internada seguidamente e nós não sabíamos mais o que fazer. Durante esse momento de oração, tive umas ideias, porém percebi que seria pela força do meu braço e não iria conseguir realizar isso. Em frente ao Senhor, no Santíssimo, contei a Ele a situação em que ela se encontrava e como eu estava me sentindo. Entreguei a Ele, porque não víamos solução para aquele problema que se prolongava. Esse meu apelo foi por volta das 9h30 e retornei ao hospital por volta das 13h45, no mesmo dia.

Nesse dia, minha irmã estava no hospital acompanhando e cuidando da nossa mãe. Quando abri a porta do quarto, minha irmã falou, antes mesmo de cumprimentá-la: "Graças a Deus, Marli!". E, então, relatou-me o que havia acontecido. Tudo o que eu falei para o Senhor, que pedi a Ele que fizesse por nós – em frente ao Santíssimo naquela manhã, na qual eu não conseguiria fazer – Ele fez e aconteceu. Levei até um susto, porque, na verdade, eu com minha pouca fé, não imaginava que Deus me atenderia tão rápido e exatamente como eu havia pedido. Mas Deus é um Pai bom e rico em misericórdia. Nenhuma oração é em vão. Nenhum clamor ao Senhor é em vão. Por isso, querido leitor, se você orar com todo o seu coração por motivos certos e intenções corretas, o Pai, que o escuta no secreto, ouvirá suas orações e o atenderá.

Nessa proporção, poderia relatar mais fatos que aconteceram nesse período, na busca da cura dela, porém quero destacar que eu e uma das minhas irmãs também fizemos em outras situação – na questão da saúde dela – a novena, de hora em hora, do menino Jesus de Praga, que ela fazia quando eu estive doente de tétano e alcançamos a graça.

Nesse processo de meus pais, que vivi intensamente, procurei buscar muita oração, porque me lembrava de que quando eu tive tétano; eles rezavam muito e nunca deixaram transparecer a mim tristeza ou desânimo. Isso serviu de combustível para eu buscar incessantemente o alívio, a cura, o refrigério pelo qual eles estavam passando, mesmo sem eles se queixarem ou pedirem isso em algum momento.

No dia seguinte, após minha mãe partir, também me senti muito só, órfã, após alguns dias, porém começaram vir à tona os acontecimentos durante esta caminhada. Deus foi me mostrando, me dando entendimento do que eu tinha vivido. Percebi que alcancei graças para eles e que a partida deles foi algo natural, e, da maneira que aconteceu, eu só tinha que agradecer ao Senhor. E que, na intensidade que eu ia pedir as graças para eles, eu agora também poderia pedir para mim, no que eu precisasse. Então eu costumo dizer que eles me ensinaram, ao longo da vida, e continuaram ensinando até o final da vida deles, sem falar nada, somente com seus comportamentos.

Hoje, continuo minha caminhada espiritual, lembrando-me muito dos ensinamentos de meus pais, desde a minha infância, porém sempre aprendendo mais e mais para me fortalecer no Senhor. Nesta minha caminhada em frente ao Santíssimo, tive direcionamento por diversas vezes, palavras para mim e para a vida de outras pessoas.

Nesse processo, percebi que foi desafiador, porém necessário, para o meu crescimento espiritual. Pude sentir a força da frase, a qual tinha na oração do menino Jesus de Praga, "procure e acharás, bate e a porta se abrirá". Isso me alegra, me dá força, esperança na minha caminhada, me direciona, me faz aprender a cada dia mais e mais para buscar na certeza de encontrar, sentir a Presença do Deus Todo-Poderoso que tudo vê, tudo sabe e tudo pode fazer.

A arte da oração, como chamo este capítulo, é uma forma de você se conectar com o Artista da obra. A obra sou eu e você, somos nós.

Aqui, escrevi apenas algumas linhas sobre o efeito da oração na minha vida e na vida dos meus pais, além dos testemunhos gerados por ela. Se você está passando por um momento difícil, ou mesmo você que está bem, encorajo-lhe a dedicar-se mais à oração. Lance suas limitações na cruz de Jesus, entendendo que Ele é o Autor e Consumador de tudo. Confie sua vida a Ele, invista em tempo de qualidade com Ele. Não espere o dia ruim chegar, para jogar-se aos pés de Jesus, pois estando aos pés dEle, se esse dia chegar, não te derrubará.

ORAÇÃO AO MENINO JESUS DE PRAGA

Jesus, que dissestes: "Pedi e recebereis, procurai e achareis", por intermédio de Maria, vossa sagrada Mãe, eu bato, procuro e vos rogo que minha prece seja atendida. (Menciona-se o pedido.)

Pai Nosso...

Ave Maria...

Glória ao Pai...

Jesus que dissestes: "Tudo o que pedirdes ao Pai em meu nome Ele atenderá", por intermédio de Maria vossa sagrada Mãe, eu humildemente rogo ao vosso Pai, em vosso nome, que minha oração seja ouvida. (Menciona-se o pedido.)

Pai Nosso...

Ave Maria...

Glória ao Pai...

Jesus que dissestes: "O céu e a terra passarão, mas a minha palavra não passará", por intermédio de Maria, vossa sagrada Mãe, eu confio que minha oração seja ouvida. (Menciona-se o pedido.)

Pai Nosso...

Ave Maria...

Glória ao Pai...

"Nenhuma oração é em vão. Nenhum clamor ao Senhor é em vão."

Marli Marchesan

Maycon Negretti

Me chamo Maycon Vinicios Negretti Garcia Domingues, nasci em Maringá/PR, mas pode me chamar de Maycon Negretti. Sou o caçula de Irene e Benvenuto, tendo dois irmãos, Franciele e Thiago. Jessica Negretti é minha esposa e temos dois filhos, Luna e Lucas.

Desde 2015, sou empresário realizando meu sonho de infância, com a Construtora Negretti. Iniciei minha jornada em 2009, como engenheiro civil e corretor de imóveis.

Minha família é meu maior tesouro, adoro momentos ao ar livre com eles. Acredito que a confiança é essencial em qualquer empreendimento. Para mais informações:

+55 (44) 99118-0202

maycon_negretti

mayconnegretti@hotmail.com

A FORÇA *da Fé*

DESAFIANDO LIMITES: UMA JORNADA DE SUPERAÇÃO E ESPERANÇA

19

POR MAYCON NEGRETTI

Prepare-se para embarcar em uma jornada emocionante repleta de desafios, superações e lições de vida, onde compartilharei não apenas uma história, mas também as experiências que moldaram quem sou. Desde os primeiros passos da minha jornada, aprendi a enfrentar minhas dores e os obstáculos da vida com determinação e coragem, e agora, convido você a descobrir como essas experiências moldaram minha trajetória, sem nunca me deixar perder a esperança.

Em 1989, nasci como o caçula de uma família vibrante, mais um lindo garotinho com olhos claros e um mundo inteiro pela frente. Minha mãe, Irene, era uma mulher de garra, inabalável, enquanto meu pai, Benvenuto, sonhava alto. Minha infância foi um tesouro de experiências, em que brincadeiras, estudos e esportes se entrelaçavam, e cada momento em família ou com amigos era uma aventura a ser aproveitada ao máximo.

Até que um dia, meu pai teve uma ideia audaciosa: vender nossa amada casa para realizar o sonho de ter seu próprio caminhão e continuar suas viagens. O que parecia uma decisão corajosa acabou por desencadear uma série de desafios, pois a venda da casa resultou em novas dívidas para toda a família.

Essa decisão deu início a uma série de conflitos e desilusões entre meu pai e minha mãe, marcando um período tumultuado em nossa família. E então, em um dia como outro qualquer, ele partiu em mais uma viagem e nunca mais tivemos notícias dele, até o ano de 2022. Mas essa é uma história por si só, merecedora de um livro inteiro. Por ora, vamos continuar com a narrativa.

Em meio ao desespero, minha mãe e nós fizemos de tudo para encontrarmos meu pai, buscando contato de todas as formas possíveis. No entanto, as dívidas continuavam a se acumular, forçando-nos a deixar nossa casa e buscar abrigo na generosidade dos familiares de minha mãe. Ela enfrentou momentos incrivelmente difíceis, que a deixaram profundamente frustrada e, acredito eu, em um estado de depressão, amplificado pelas cobranças incessantes da família.

Aos meus 16 anos, ela tomou uma decisão surpreendente: mudar-se para o exterior, acreditando que todos nós a acompanharíamos, mas eu e minha irmã decidimos ficar com nossos familiares. Três anos se passaram, minha irmã se casou, e, aos 19 anos, me vi enfrentando a vida sozinho, em uma casa vazia. Foi ali mesmo, em meio aquela solidão, que tomei uma decisão crucial: optei por cursar Engenharia Civil. Apesar de estar vivendo praticamente sozinho, contando apenas com o apoio esporádico de alguns familiares, minha rotina era uma verdadeira maratona.

Em 2009, reuni toda a coragem que pude encontrar e fiz uma ligação para meu tio, que residia em Portugal, assim como minha mãe, e pedi ajuda para dar o pontapé inicial na minha tão sonhada carreira profissional. Finalmente podendo perseguir meus sonhos, ingressei no curso de Engenharia Civil e mergulhei de cabeça nos estudos, determinado a alcançar meus objetivos.

Enquanto isso, ainda vivia uma vida solitária, enfrentando inúmeras dificuldades. Foi então que uma oportunidade de trabalho na área de construção chamou minha atenção. Precisava daquele emprego não só para cobrir a outra metade das parcelas da faculdade, mas também para custear minhas necessidades pessoais. Foi então que me deparei com uma oportunidade em uma construtora, que buscava estagiários no último ano de Engenharia. Embora eu não tivesse experiência formal, estava determinado a provar meu valor e dar o meu melhor nessa nova jornada. Era a chance que eu tanto almejava para dar um salto em minha carreira profissional.

Lembro-me nitidamente de chegar à empresa, após o almoço, sendo o primeiro a comparecer para a entrevista. Ao adentrar na sala, deparei-me com o próprio dono da empresa, um homem chamado Carlos Alberto, que estava conduzindo a entrevista. Ele iniciou fazendo algumas perguntas e eu, sendo sincero, respondi a tudo da melhor maneira possível. Quando chegou o momento em que ele solicitou minha carteira de trabalho e percebeu a ausência de qualquer registro, além de constatar que seria meu primeiro contrato de estágio, ele fechou a carteira e, com um olhar curioso, disse: "Maycon, me conte sua história". Aquelas simples palavras abriram as portas para que eu compartilhasse minha jornada com ele, revelando minhas lutas, sonhos e determinação para alcançar meus objetivos.

Foi então que mergulhei de cabeça em contar minha história de vida, compartilhando minhas experiências, mesmo sendo ainda tão jovem. E foi assim, ao revelar quem eu era e tudo o que já havia enfrentado, que conquistei a oportunidade de estágio em engenharia, mesmo estando apenas no primeiro ano da faculdade.

Sempre fui movido pela curiosidade e, com muito esforço e dedicação, rapidamente ascendi na empresa, aprendendo as bases como uma construtora operava. Tive a oportunidade única de vivenciar todos os processos internos da empresa, graças ao apoio e mentoria do senhor Carlos Alberto. Ele não apenas foi um mentor excepcional, mas também se tornou um amigo querido, uma amizade que perdura até os dias de hoje. Trabalhei ao lado dele até 2013, quando decidi que era hora de trilhar meu próprio caminho, já aos 24 anos.

Mas o meu grande desafio começou mesmo no ano de 2017, quando eu já acreditava que tudo estava novamente se equilibrando, me vi diante de uns dos maiores desafios da minha vida. No final de 2017, surgiu repentinamente uma protuberância atrás da minha orelha esquerda, como se fosse um nódulo. Inicialmente, não senti dor nem qualquer outro sintoma. No início de 2018, aproveitando a virada do ano, decidi procurar um médico para investigar o que poderia ser. O médico, a princípio, suspeitou de uma inflamação das glândulas maiores, mas como não tinha recursos financeiros para consultar em particular, recorri ao sistema de saúde pública, o SUS, sabendo que a realização de exames poderia demorar.

Após três longos meses, finalmente consegui fazer uma ultrassonografia, que revelou a presença de um nódulo no nervo facial, com cerca de 1 cm de diâmetro. O diagnóstico foi alarmante e me deixou apreensivo. O médico encaminhou-me para um especialista em cabeça e pescoço. Durante todo esse período, continuei trabalhando e cuidando das minhas responsabilidades diárias, enfrentando não só a preocupação com minha saúde, mas também tendo que lidar com a falta de apoio e informações precisas por parte dos familiares, que, muitas vezes, me julgavam sem oferecer ajuda financeira ou orientação adequada para resolver a situação mais rapidamente.

Após mais três meses de espera, finalmente consegui uma consulta com o especialista pelo SUS e refiz todos os exames, que revelaram um crescimento do nódulo. O médico, diante da urgência da situação, recomendou a realização da cirurgia imediatamente. Mesmo com a urgência da situação, fui informado de que ainda demoraria mais sessenta longos dias para realizar a cirurgia, que diminuíram para trinta dias após a ajuda de um amigo. Nesse momento, uma onda de tristeza e medo me invadiu. Porém, com determinação, consegui agendar a cirurgia para o dia 1º de junho de 2018, às 7h da manhã. No entanto, durante o procedimento, o médico se surpreendeu com o tamanho do nódulo e suspeitou que poderia ser maligno, chamando mais dois profissionais para ajudá-lo. A cirurgia acabou se estendendo por seis horas.

O período pós-operatório foi extremamente doloroso, e, após trinta dias, comecei a fisioterapia facial. No entanto, meu rosto permanecia paralisado, meus olhos não fechavam quando eu dormia, meu sorriso não era mais o mesmo e toda a parte facial estava afetada, com os olhos lacrimejando constantemente e a boca semiaberta. Essa condição me incomodava profundamente, e eu percebia o desconforto que causava aos meus familiares.

Apesar de tudo, minha fé em Deus permanecia firme, mesmo que, às vezes, eu duvidasse e me sentisse esquecido por Ele. Sempre supliquei por uma nova chance, por uma família, uma companheira e uma empresa que eu pudesse administrar para ajudar os outros. Lembro-me de traçar planos meticulosos para o ano novo, fixando-os na porta do meu guarda-roupa para visualizá-los diariamente.

Foi assim que, em novembro de 2018, conheci Jessica, uma mulher de outra cidade. Decidi marcar um encontro para conhecê-la pessoalmente. Começamos a conversar pelo WhatsApp por duas semanas, até que decidi encontrá-la após o trabalho, onde ela atuava como consultora de vendas de uma marca de carros. Quando chegamos ao local, fiz questão de me posicionar de maneira que ela não notasse as peculiaridades do meu rosto. Apesar do nervosismo da primeira conversa presencial, conseguimos ter um bom diálogo. Finalmente, reuni coragem para compartilhar algo importante com ela. Com os olhos arregalados, Jessica esperava ansiosamente para ouvir o que eu tinha a dizer.

Então, respirei fundo e compartilhei com ela a minha jornada, mostrei meu rosto afetado pela cirurgia e expliquei toda a situação. Com toda a delicadeza do mundo, Jessica sorriu e disse: "Maycon, isso não muda nada. Vamos sair para jantar". E foi assim que nossa história começou naquele dia. Nos divertimos muito juntos e, sinceramente, há muito tempo não me sentia tão vivo. E, assim, seguimos até os dias de hoje, sou grato a Deus e à minha esposa Jessica, que não só me tornou um homem com valores mais profundos, mas também me mostrou que podemos conquistar coisas que parecem impossíveis e formar uma família linda, como a nossa hoje.

Hoje, ao meu lado, tenho alguém com os mesmos propósitos e sonhos, que me motiva constantemente. Tenho certeza de que, juntos, conseguiremos não apenas conquistar coisas materiais maravilhosas, mas também fortalecer nosso lado emocional e espiritual. Somos o alicerce um do outro, e nos tornamos um só. Para aumentar ainda mais minhas bênçãos, recebemos nossos dois filhos, Luna, de 2 anos, e o Lucas, de 2 meses. Atualmente, administramos juntos nossa empresa, a Construtora Negretti, seguindo os mesmos princípios e propósitos.

"Viver e sonhar é bom, mas poder viver ao lado de alguém que tem os mesmos propósitos se torna um plano de Deus."

MAYCON NEGRETTI

Milena Caetano Erkmann

Sou Milena Caetano Erkmann, resido em Cidade Gaúcha/PR com a minha amada família: meu esposo Alexandre e minha preciosa filha Maitê.

Sou cirurgiã-dentista, especialista em Ortodontia e Endodontia e com pós-graduação em Prótese Dentária, Estética Dentária e Harmonização Orofacial.

Também sou empresária. Sócio-proprietária de uma loja de calçados e acessórios femininos, a La Vie. E sócia proprietária de uma clínica de radiologia odontológica, a Facial Imagem.

Sou mentora no grupo de mulheres Mensageiras da Paz e palestrante.

Superei grandes desafios e provei que, com a presença de Deus em nossas vidas, é possível superar os desafios e mudar a própria história.

+55 (44) 99141-4585
dramilenacaetano
dramilenacaetano@yahoo.com.br

A FORÇA *da Fé*

OS PLANOS DE DEUS SÃO MAIORES QUE OS SEUS

20

POR MILENA CAETANO ERKMANN

Falar com Deus é muito bom, ouvir a Deus é extraordinário e sentir Deus é sobrenatural. Talvez você ainda não tenha se dado conta, mas Ele está conosco o tempo todo. Nos protegendo, nos livrando dos perigos e nos abençoando durante todos os momentos de nossas vidas. Basta sairmos do automático em que vivemos e tirarmos um tempo só nosso. "Deus e eu".

Nasci e cresci numa cidadezinha no norte do Paraná. Sempre fui uma criança muito ativa, disciplinada e espiritualizada. Nadava, jogava vôlei, participava das festividades da cidade e frequentava a igreja. Talvez minha disciplina tenha vindo da prática constante de esportes, durante a minha infância e adolescência. Minhas notas na escola me renderam muitos prêmios e muita realização pessoal. Venho de uma família tradicional da cidade. Unida, com muito diálogo e orientações por parte dos meus pais, que atuam na área do Direito.

Aos 17 anos, fui prestar meu primeiro vestibular e muitas dúvidas surgiram. Diferente deles, eu queria ir para a área da saúde. Foi então que me sentei com meus pais e pedi uma orientação, pois não tinha definido ainda o curso que iria fazer. Dentre alguns, a odontologia tocava mais forte em meu coração e decidimos, juntos, que seria a melhor opção.

Prestei um único vestibular e fui aprovada. A alegria tomava conta de mim. Durante a comemoração, um fato me tirou o chão. Foi uma fala do meu pai: "Filha, estou feliz! Mas, infelizmente, você será apenas uma 'dentistinha'". Essa frase teve um efeito grande em minha vida. Carreguei ela dentro de mim por, pelo menos, vinte anos.

Desde o primeiro dia de aula da faculdade, me encantei com a profissão que havia escolhido. Me dediquei muito durante a faculdade. Para mim, foi uma fase desafiadora, pois carregava em meu coração que, ao contrário do que o meu pai tinha me dito, eu seria uma grande profissional. E lutei bravamente por isso.

Chegou o grande dia. O dia da minha formatura. Daí para frente, era Deus e eu. Ao me formar, fiquei sem um norte. Não sabia o que fazer. Eu era a única dentista da família e não tinha ninguém para me orientar. Prestei alguns concursos públicos e passei. Mas decidi não assumir. Eu queria mais. Eu queria ser reconhecida como uma grande profissional.

Um certo dia, um amigo me ligou oferecendo seu consultório, pois estava deixando a profissão. Era numa outra cidade. Uma cidade bem menor do que a que eu morava, porém, eu seria a única dentista lá. Fui conhecer o local e, desde à primeira vista, me apaixonei. Eu vi ali uma oportunidade de começar a minha carreira que eu sabia que seria grande.

Em um mês, eu estava indo para o meu primeiro dia de atendimentos no meu consultório. Estava radiante, porém receosa. Não tinha experiência e nunca havia trabalhado na vida. Mas me propus a dar o meu melhor. Os atendimentos começaram a todo vapor e com eles vieram as dificuldades. Iniciei então uma pós-graduação na área em que eu era mais insegura e que minha demanda era maior. Fiz amigos, me tornei amiga dos professores e fui tendo o auxílio deles para sanar os problemas do dia a dia. Emendei mais uma pós-graduação e fui me desenvolvendo. Estudei muito e cada certificado obtido era colocado na parede do meu consultório, com muito orgulho. Fui me ambientando na cidade. Fiz poucos e bons amigos. Minha rotina de trabalho era grande. Trabalhava em média treze horas por dia. Estava me tornando aquela profissional que eu tanto almejava.

Os anos foram passando e aquela menina insegura já não existia mais. Ganhei autoridade e muitos pacientes até da região vinham em busca do meu trabalho. Mas, infelizmente, nessa época, entrei num ciclo vicioso entre trabalhos e estudos e fui me afastando de Deus e das coisas que realmente eram importantes na vida. O ***status***, a fama e o orgulho foram tomando conta de mim. Eu já me sentia uma grande profissional. Fiz meu nome e tinha tudo o que o dinheiro podia comprar. Eu estava conseguindo provar para o meu pai que eu não era uma "dentistinha".

Nessa época, eu vivia um relacionamento maravilhoso com meu namorado, mas adiava o casamento por conta do trabalho e dos estudos. Eu morava sozinha e vinha para a casa dos meus pais todos os finais de semana. Até que em 2012, eu resolvi marcar o casamento. A partir daí, comecei a organizar a minha vida para voltar, aos poucos, para a cidade dos meus pais e onde iria morar após o casamento, que aconteceu no dia 24 de maio de 2013.

Desde então, minha casa, que ficava sozinha aos finais de semana, passou a ser furtada. Os furtos eram frequentes. A cada três meses, eu tinha uma surpresa desagradável ao retornar para lá. Comecei a me sentir insegura. Tinha medo de sair do consultório tarde da noite, sozinha, e já pedia escolta policial para me acompanhar até em casa. Num dos furtos, foi deixada uma mensagem na porta da lavanderia, me ameaçando. Resolvi então, me mudar para um local mais seguro. Mesmo assim, me sentia perseguida. Meu consultório também foi furtado e a mesma frase de ameaça foi escrita, dessa vez, na televisão. Comecei a andar com um segurança que fazia a minha escolta e a do consultório. Mas também passei a refletir se valia a pena viver dessa maneira.

Foi então que, em 2015, inaugurei um consultório na cidade onde meu marido morava. A ideia era que aos poucos eu fosse me desligando da cidade onde comecei a minha profissão. Lá, eu era sozinha, não tinha nenhum familiar e nenhuma pessoa muito próxima. O medo tomava conta da minha vida. Eu já não tinha mais paz. Vivia um verdadeiro pesadelo. Mas o orgulho ainda falava mais alto.

Às 03 horas da manhã, do dia 22 de maio de 2015, na madrugada de um sábado, meu celular tocou. Era a minha secretária, a Camila. Repetia desesperada: "Tá queimando tudo!". Eu pulei da cama, apavorada, sem entender nada e ela me dizia que o consultório estava em chamas. Que o fogo tinha tomado conta e que o prédio estava desabando. Eu entrei em choque. Meu marido pegou o telefone, se inteirou do assunto e eu, chorando, estava vendo meu mundo ruir e meus sonhos virarem pó. Nessa noite, eu perdi tudo. Meu consultório foi incendiado propositalmente. Eu não acreditava no que estava acontecendo comigo. Eu era uma boa pessoa, nunca havia me desentendido com ninguém, como Deus podia permitir isso na minha vida? Por que eu estava passando por aquela tragédia? Eram muitas as perguntas e nenhuma resposta.

Eu lembro como se fosse hoje, eu sentada na cama, incrédula, inconsolável, quando meu pai me abraçou e disse: "Filha, o consultório queimou, mas você ficou. Sua vida foi preservada. E é isso o que importa!". Naquele momento, a Milena que estava afastada de Deus não conseguia raciocinar e sentir o amor de Deus. Ela apenas O indagava. Os dias seguintes ao incêndio foram muito difíceis. Passei dificuldades emocionais e financeiras. O criminoso foi preso. Era um paciente meu que disse ter se apaixonado por mim. Ele era o autor de todos os furtos na minha casa e das perseguições que sempre aconteciam no dia 24 de cada mês. O dia do meu casamento.

Eu nunca mais voltei para aquela cidade. Foram doze anos de dedicação e muito trabalho. De amizades, de intimidade com os pacientes e de momentos que ficarão para sempre em meu coração. Mas, que chegaram ao fim, num momento em que eu compreendia pouco dos planos de Deus.

Continuei a minha vida perto da minha família. Eu me conectei novamente com Deus, dessa vez de forma bem íntima. Recomecei a minha vida profissional, pois eu ainda tinha um consultório montado, mas agora, eu tinha uma outra visão. Eu queria trabalhar de uma forma mais humanizada. Queria ter qualidade de vida, crescer como ser humano, me despir do orgulho e evoluir. Passei a ter um outro olhar da vida. Enxerguei os cuidados de Deus comigo e o lado positivo de tudo aquilo. Pois meus certificados queimaram, mas o meu conhecimento ficou. Meu consultório queimou, mas eu fiquei com a minha saúde preservada. E, em pouco tempo, eu estava vendo a minha vida fluir novamente. Uma porta se fechou para que outras melhores se abrissem. Continuei estudando, trabalhando, mas dessa vez, perto da minha família.

Engravidei, tive a minha filha preciosa, a minha Maitê, que é o maior presente que podia receber de Deus. Inaugurei a minha loja de calçados, a minha clínica radiológica e, hoje, sou mentora e palestrante. Enfim, com a presença de Deus em minha vida, consegui dar a volta por cima.

Após nove anos, fui convidada a palestrar num evento na cidade onde meu consultório foi incendiado. Tive a oportunidade de contar a minha história e como superei esse fato, inspirando outras mulheres e falando das maravilhas de Deus em minha vida. Enfim, tive a oportunidade de encerrar meu ciclo lá, da melhor forma. É ou não, uma providência divina?

O que vale nesta vida, meus amigos, é invisível aos olhos. Muitas vezes, Deus nos permite passar pelo deserto para ganharmos a abundância. Hoje, sou uma pessoa muito feliz e realizada com tudo o que faço. Sabe por quê? Porque eu consegui sentir Deus. Muito além do que falar com Ele, precisamos senti-lo. Te convido a experimentar viver esses momentos e você verá a sua vida sendo transformada.

"Falar com Deus é muito bom. Ouvir a Deus é sensacional. Mas sentir Deus é extraordinário."

MILENA CAETANO ERKMANN

Nelice Coga

Nelice Coga Ferreira de Jesus Cristo, orientadora educacional e empresária. Natural de Campo Mourão/PR.

Trabalha com orientação educacional há quinze anos, orientando, motivando e desenvolvendo crianças e adultos em suas habilidades. Viajou por sete países e dez estados brasileiros, perdendo as contas de quantas cidades visitou, em busca de aprendizado e aprimoramento na área em que atua.

Especializada em Educação Especial, Educação Infantil e Neuropsicopedagogia.

Passou por muitos desafios e provações, e deseja compartilhar com seus leitores.

É uma pessoa de muita fé, otimista e de bem com a vida. Acredita que o sonho é sua força, sabe que é possível realizar, desde que Deus esteja caminhando à sua frente.

Nelice Coga
coganelice
nelicecristo@gmail.com
Nelice Coga

A FORÇA *da Fé*

MINHA FAMÍLIA, MINHA FORTALEZA

21

Por Nelice Coga

Ser criança é brincar, criar memórias, imaginar, sonhar. Mas nem toda criança tem a oportunidade de "ser criança". Muitas vezes, suas memórias são impactadas pela rotina diária de vida, e assim foi para mim.

A vida nunca foi fácil. Poderia levar isso como castigo, aceitando o que estava proposto e não buscar melhorias, mas nunca aceitei. Diariamente, pedia a Deus que fizesse alguma coisa, pois não dava para viver sofrendo. Até hoje, acredito que todos os meus pedidos foram atendidos, com muitas pessoas boas em meu caminho.

Lembro como se fosse hoje: acordava e saia pelas ruas de porta em porta para vender algum produto, muitas vezes sem ter tomado café da manhã, na esperança de alguém oferecer algo para eu comer. Uma certa vez, comecei a juntar ferro velho para vender e descobri um barracão abandonado, cheio de ferro. Pensei: "Achei a mina!", passei o final de semana puxando os ferros e na segunda-feira, toda feliz, saí para vender, mas o local era do proprietário que comprava de mim. Que decepção! Senti que havia o roubado e me culpei, só que a pessoa era muito boa e sabia da situação que vivíamos e acabou nos ajudando, nos orientando sobre a forma correta de trabalhar.

A nossa vida foi tocada com muita ajuda. O maior anjo que tenho é a minha avó Clementina que, desde quando eu era pequena, esteve ao meu lado, até a hora de sua partida. Era importante sentir sua presença diariamente, para que o meu dia se tornasse abençoado.

Tinha como protetores os meus tios e tias. Quando morava em Junqueirópolis, interior de São Paulo, tinha a tia Tereza e a tia Helena como minhas protetoras. Por isso, todos os dias queria ficar na casa da minha avó Shizuka, que sempre cuidava de todos, qualquer imprevisto corria para elas.

Depois lembro-me de mudar para uma fazenda onde tinha uma usina de álcool, em Brasilândia/MS, e depois de algum tempo, voltar para Campo Mourão/PR, indo morar na casa dos meus avós por um período, pois havíamos retornado sem moradia. Quando criança, brincava e brigava muito com o meu irmão Marcelo. Naquela época, sem muitas condições, nós criávamos as nossas brincadeiras, brinquedos e diversão, sempre unidos. Queríamos ter brinquedos que não podíamos, lembro da sonhada boneca Meu Bebê. Como queria ter uma e brincar como as outras crianças! No máximo, ganhei uma Fofura, uma boneca menor, mas que parecia a outra.

Todos os dias eu tinha um motivo para viver. Desde pequena, sempre procurei ajudar minha família, vivia num lar triste, com vícios, pobreza, mas não media esforços para trabalhar, estudar e cuidar de meus irmãos Marcelo e Endrigo, o caçula da casa, fazia parte do meu dia. Minha mãe, Odete, e meu pai, Nelson, saíam para trabalhar e nós ficávamos "em casa". Passávamos o dia na rua, brincando, correndo, só parávamos para ir à escola e, muitas vezes, tínhamos que nos arrumar sozinhos e ir, sem ter a presença dos pais, pois a vida era difícil e dependíamos do suor deles para podermos comer e ter onde morar. Minha avó sempre esteve presente para nos proteger, zelar e cuidar da gente, como nos acompanhar na escola, já que era a zeladora do colégio, então sempre estávamos juntos dela.

O passado se tornou uma lição de vida, um aprendizado no qual reclamar nunca fez parte da minha rotina. Para mim, tudo seria possível e sempre existia alguma saída. A força de vontade em vencer na vida era tão grande que sempre aparecia alguém, nos momentos mais difíceis, e onde parecia não ter solução surgia uma luz. Não me recordo de tudo, pois trago na mente os momentos bons, alegres e, sempre que posso, penso que a minha infância foi muito boa, apesar das dificuldades, mas foi de lá que tirei toda a minha força de lutar e vencer.

Minha infância foi de muitas mudanças, passando por necessidades, mas sempre com anjos em minha volta, me protegendo e me defendendo dos caminhos do mal. Aos 5 anos, descobri que poderia ganhar dinheiro vendendo geladinho, o qual era produzido pela minha mãe; então, enchia uma caixa de isopor e saía vendendo para as crianças da vila. Eu já sabia dar troco e receber. Com este tino comercial, tudo que me era dado para vender, transformava em dinheiro, o que muitas vezes era entregue à minha mãe para comprar comida e assim foi por alguns anos. O meu maior desejo era que o pai parasse de beber, sempre pedia as estrelas cadentes, acreditando que o meu pedido seria escutado e assim foi, o pai resolveu procurar ajuda e a vida foi abençoada pela libertação do vício. A vida de todos começou a melhorar. A vida não foi nada fácil, mas tive muitas oportunidades que foram aproveitadas como degraus, os quais eu subia dia após dia.

Com a mudança de vida, no qual o vício saiu de casa, tudo começou a caminhar. Veio a oportunidade de nos mudarmos para o Japão em busca de construir uma vida melhor, tendo um lar digno para morar, roupas e comidas. Porém, somente a minha mãe e meu pai poderiam ir de início, e novamente veio a luta da separação dos pais e irmãos – momento muito doloroso, pois, mesmo levando uma vida complicada, a família sempre estava unida. O meu irmão do meio foi morar com um tio por parte de mãe, eu e o irmão mais novo ficamos com a avó. Por ela, ficaria com os três, mas a vida dela também não era fácil. Tudo isso foi superado por mim, não sei explicar como, mas consegui entender e tocar a vida.

Ao entrar para o Ensino Médio, recebi um conselho da minha avó Clementina, que sugeriu o curso do Magistério. Prontamente aceitei a sugestão e segui o conselho. Aos 15 anos, arrumei o meu primeiro emprego como professora por indicação da minha tia Rose, a qual cuidou de mim como sua filha.

Percebi que estava no caminho certo, estudar e trabalhar seria o meio de crescer e prosperar na vida, mas aos meus 18 anos abandonei os estudos e emprego para trabalhar no Japão, acreditando que ficaria rica e que teria uma vida melhor. Grande ilusão! O que aconteceu foram atrasos em meus estudos, minha carreira como professora sendo abandonada e a vontade de ser psicóloga tomando rumos diferentes.

Trabalhei muito como operária no Japão, aprendi a ter iniciativa, disciplina, persistência. Por cinco anos trabalhei duro, mas, ao retornar para o Brasil, me encontrei sem estudos, desatualizada, sem dinheiro, mas mais uma vez Deus colocou anjos em minha vida. Após alguns meses no Brasil, conheci meu esposo Paulo, que me incentivou a estudar e retomar o curso de Magistério. Por um ano, ele acompanhou a minha ida à cidade de Iretama/PR para concluir o último ano do meu curso. Foi um ano de grandes desafios e livramentos.

Depois de sete anos juntos, resolvemos nos casar e após três anos de casados, veio a notícia da chegada de nossa filha Juliana. Foi uma gravidez com diagnóstico de risco, e para piorar a loja que havíamos montado pegou fogo, perdemos tudo, ficando num momento difícil, com dívidas e doenças, mas sabíamos que era mais uma provação e que tudo iria se resolver. Encontramos um médico que passou a acompanhar a gestação, sem precisar tirar a vida do bebê. Dr. Saul transmitiu paz e confiança, nos levando a ter esperança na chegada da nossa filha. E assim foi, com a força da fé vencemos o que poderia ser impossível.

Estávamos felizes, tudo caminhando, continuava com as vendas em casa, até que recebi um convite do meu esposo para abrir a sonhada escola e de prontidão aceitei. Passamos novamente por desafios, pois estávamos sem dinheiro e só nos restava a vontade de trabalhar e crescer, e mais uma vez, anjos surgem em nossos caminhos e a escola é inaugurada. Passamos por muitos altos e baixos, a família sempre presente, ajudando, apoiando, até que descobri um grave problema de saúde e novamente outra luta. Precisei passar por uma intervenção no coração e, sem plano de saúde, os anjos batem em minha porta e num piscar de olhos estava internada e a caminho do procedimento, pelo SUS, no Hospital Evangélico de Curitiba.

Os dias e anos foram passando e outra luta surgiu: minha mãe ficou doente e necessitando de cuidados. As bênçãos novamente estavam caminhando comigo, abrindo portas. Sem pensar em como pagar, internei minha mãe e pedi os melhores cuidados. Descobrindo que ela estava nos últimos momentos de vida, procuramos dar tranquilidade, transmitindo paz para ela. Deus a levou e eu a entreguei nas mãos do Pai Todo-Poderoso, pedindo que encontrasse a luz e descansasse em paz. Foi o momento mais difícil de todos.

Logo depois, em menos de quinze dias, descobri uma notícia que trouxe alegria para a família, a chegada de João Paulo. Outro momento de luta, pois como eu tinha o problema na válvula mitral e meu o cardiologista, Dr. Silvio, estava inseguro de prosseguir com a gravidez, novamente a fé se tornou a esperança de que tudo iria dar certo e os anjos voltaram a me proteger.

Após sete anos de caminhada, precisei passar por uma cirurgia delicada do coração. O medo bateu à porta, mas para mim tudo daria certo e estaria reunida com meus familiares em breve. Até aqui, tive muitos livramentos, como acidente de trânsito em rodovias, por duas vezes – saímos ilesos, somente com danos materiais –, livramentos de doenças e muitos outros.

Em meio aos acontecimentos, tive muitos momentos de comemoração, como me destacar no meu trabalho, levando a escola a ser referência na franquia; independência dos meus filhos nos estudos; conquistamos outro ramo de trabalho, abrindo dois restaurantes na culinária japonesa; conheci lugares que jamais imaginava que iria conhecer.

Foram tantos desafios que seria difícil estar aqui contando a minha história de vida. Uma coisa posso dizer: tudo é possível, desde que tracemos metas, tenhamos foco e lutemos para realizar nossos sonhos.

As minhas conquistas foram a minha família, casa, profissão, reconhecimento, sucesso. E hoje só tenho a agradecer pela minha vida, esta foi a maior conquista de tudo. Meu maior sonho foi realizado: tenho uma família linda, forte e muito unida.

Sou grata pelas pedras que encontrei em meu caminho, pois me ensinaram a ser perseverante e a ter confiança em mim.

"Sobrevivi a inúmeros livramentos e doenças foram superadas. Cada evento reforçou minha crença em uma proteção maior e implacável."

NELICE COGA

Raquel Lúcia Baréa

Sou Raquel Lúcia Baréa, residente na cidade de Maringá/PR, filha, irmã, mãe da Larissa, avó do Tomás, Lucca e Caio. Abençoada, semelhança do Criador e amiga leal.

Com formação em Matemática e Gestão Financeira, atuei no ramo empresarial por 24 anos como franqueada no setor de educação. Estou como treinadora, com uma metodologia de alta performance que integra habilidades analíticas e uma profunda compreensão do comportamento humano, gerando resultados transformadores e crescimento, tendo impactado mais de doze mil vidas nos últimos cinco anos.

Palestrante, mentora, escritora e apaixonada pelo ser humano, carrego comigo o desejo de fornecer soluções práticas e eficazes para os desafios enfrentados por líderes.

+55 (44) 99919-9509
raquelbareamentora
raquel.barea.coach@gmail.com

A FORÇA DA MINHA FÉ

22

Por Raquel Lúcia Baréa

Neste momento, caro leitor, sei que sua vida já está mudada e impactada pelas histórias que antecederam a este capítulo. Não é em vão que você se mantém nesta leitura, pois o que Deus preparou para sua vida pode ainda não estar claro, mas certamente se revelará por meio de seu propósito. E se você ainda tem dúvidas e esse respeito, sugiro-lhe: pare de procurar seu propósito e passe a procurar a Deus em todas as suas experiências. E quando você menos esperar, ele vai te encontrar e transformará totalmente a sua vida. Como eu sei disso? Vivi isso. Será fácil? Claro que não, pois é justo que muito custe aquilo que muito vale. E a sua liberdade, paz, felicidade e amor não têm preço.

Tudo se iniciou no ano de 1967, no interior do estado do Paraná, numa cidade chamada Cidade Gaúcha. Em uma família de 10 filhos, com uma mãe exausta fisicamente, nasceu uma menina ousada, alegre, corajosa e abençoada. Essa menina, porém, se sentiu órfã de pai e mãe, apesar de jamais ter sido afastada ou abandonada por eles. As exigências do trabalho e as obrigações domésticas os impediam. Na verdade, eles estavam presentes, mas os olhos da menina não eram capazes de captar a presença deles, se concentrava nas insatisfações, não tinha maturidade cognitiva para entender que eles deram o que tinham à disposição, da melhor forma que podiam, com o sincero desejo de acertar constantemente.

Essa menina acabou se prejudicando no decorrer de sua vida, pois é comprovado que a conexão com os pais influencia diretamente a saúde física, emocional, relacionamentos e a trajetória profissional de uma pessoa. Essa menina sou eu. Por muitas vezes, me peguei chorando e me lamentando, porque me sentia invisível aos olhos de meus pais, meus irmãos ou de qualquer pessoa que eu julgasse ser importante.

Essa "rejeição" criou feridas profundas e foi adulterando a minha identidade. Os anos se passaram e eu fui me mostrando para o mundo cada vez mais distante do plano original de Deus. E a minha maior dor era a figura masculina. Me sentia ferida e invalidada, na infância, pelos homens mais importantes da minha vida. Também vi mulheres que amava sofrerem por esse mesmo motivo. Minhas dores me impediram de avaliar o outro lado. O lado sofrido e injusto dos homens de minha família, o lado em que eles tinham que ser fortes, jamais chorar, aguentar qualquer dor e eram responsáveis pelo sustento e segurança das mulheres, fazendo-as se sentirem um peso em suas vidas.

Meus olhos doentes emocionalmente me impediram de avaliar, de forma justa, que éramos uma família unida, que o amor se fazia presente e que, juntos, podíamos tudo. Por muito anos, me questionei: por que nada me completava? Por que não vivia plenamente qualquer que fosse o momento? Por que não conseguia me envolver profundamente com alguém? E a resposta só veio após 52 anos de vida: porque eu não reconhecia o meu valor, porque não sabia demonstrar o amor percebido, não me sentia pertencente a qualquer ambiente que eu frequentasse. E este é o momento que eu escolhi para honrar as pessoas que mais me amaram e se dedicaram, para que eu me tornasse a pessoa que sou hoje e, também, todos que passaram por minha vida e deixaram parte de suas vivências e experiências.

Cresci culpando meu pai por minhas dores, revoltada e me protegendo de todos os homens com os quais, de alguma forma, eu me relacionava. Meus pais, Fiorenço e Merecilda, vieram do estado do Rio Grande do Sul e construíram nossa família com muito esforço e dedicação. Meu pai sofria de depressão desde os 18 anos e também foi diagnosticado bipolar. Na década de 60, isso era tido como loucura, não existia os medicamentos de hoje e a ciência não tinha respostas para um tratamento seguro e assertivo. Por algumas vezes, eu o vi pegar uma mala para se auto-internar em um hospício. Levou choque elétrico na cabeça, passou por momentos de horror e quando o dinheiro terminava, estando ele restabelecido ou não, era mandado para casa. Nesse mesmo tempo, minha mãe estava lutando para sobreviver com seus onze filhos, trabalhando para alimentá-los e vendo o negócio da família nas mãos de pessoas que não eram o que podemos chamar de pessoas honestas.

Meu pai vivia entre extremos de muita alegria, quando, normalmente, estava com pessoas que não eram da família, e de profunda dor e tristeza, sendo grosseiro, exigente, impaciente e às vezes até cruel (na minha visão de criança), com os familiares. A questão é que eu o culpava de forma inconsciente pelo sofrimento da minha mãe, por vê-la trabalhar muito para ajudar a família a crescer financeiramente. Eu a vi chorando, cansada, sofrendo, ajoelhando-se e rezando, dia após dia, com uma fé inabalável, muito devota à Nossa Senhora. Eu a vi se apagando aos poucos, se anulando e aceitando os comandos de seu esposo; se transformando em uma mulher submissa, sem vontade própria, o que me fez fazer muitas promessas internas, do tipo: "Jamais vou me casar para não me tornar submissa", "Jamais dependerei de homens" e "Homens não são pessoas confiáveis". Venci a infância e no decorrer dos anos, de alguma forma, eu buscava me punir física e emocionalmente, para tentar amenizar as dores internas e incompreensíveis que sentia, por meio de relacionamentos passageiros, sexo casual e amizades superficiais, já que confiar nas pessoas era algo impossível para mim.

Meus relacionamentos amorosos eram conturbados e disfuncionais, cheios de humilhações; buscava homens para sustentá-los apenas para provar para mim mesma que não dependia deles. Só que, emocionalmente, eu era completamente dependente, presa às minhas emoções do passado, sofrendo e permanecendo nesses relacionamentos. E aqui não estou culpando-os, não era sobre o outro e sim sobre mim e minhas memórias. Como se eu precisasse beber do meu próprio veneno, todos os dias, em um vício emocional interminável. Alguém se identifica?

Hoje, sei que buscava apenas honrar meus antepassados da forma errada, me punindo sem dó nem piedade e garanto que paguei um preço alto por isso. Por inúmeras vezes, fui traída por namorados, marido, amigos e sócios, pois nunca me sentia amada e respeitada, e essa energia me acompanhava com muito sofrimento. Eis que surgiu uma esperança. Aos 23 anos, tive uma luz em minha vida, que foi o nascimento de minha princesa amada, Larissa, a qual criei como "pãe" (mãe e pai). Mais uma vez, eu queria provar que não precisava de homens por perto.

O amor que nasceu junto com minha filha foi instantâneo, assim como acho que acontece com todas as mães. Porém, eu não sabia como demonstrar esse amor em atos, palavras e ações. Carregava muita culpa por isso e constantemente deixava minha filha com outras pessoas (de confiança, é claro), somente para repetir o padrão de fazê-la também se sentir abandonada e não preterida.

Se eu tivesse uma varinha de condão, essa seria, certamente, a primeira coisa que mudaria em minha vida: voltaria ao passado e reescreveria minha maternidade. Amaria mais, abraçaria mais e validaria todos os dias a minha princesa. Quando ler este capítulo, peço perdão a você, filha, por não ter conseguido fazer isso. Essa quebra de padrão só ocorreu após o nascimento do meu primeiro neto, Tomás, pois foi insuportável ver a história de invalidação, dor, gritos, rejeição se repetir por mais uma geração e Deus me direcionou para mudanças urgentes e necessárias.

Tudo começou a ser diferente quando fui para o Método CIS, do PhD Paulo Vieira, e iniciei um processo de cura e libertação. Sou imensamente grata a Febracis, por me trazer a clareza que precisava naquele momento, e também à minha mentora, Camila Vieira, por romper meus limites, na imersão Mulheres Experience, onde, pela primeira vez, aceitei Jesus como meu único Senhor e Salvador.

Nessa jornada, tive a certeza do quanto eu me limitei por dores da infância e iniciei um processo de perdão, principalmente, ao meu pai. Passei a entender a história dele e o quanto foi sofrido para ele viver com uma patologia desconhecida e sem um tratamento assertivo. Consegui olhar para seu sofrimento, suas angústias e por diversas vezes, na jornada de transformação, pude constatar através de ferramentas poderosas, que meu pai só não cometeu o suicídio por conta da fé e por ser um homem temente a Deus, e pelas orações da minha mãe. Fé essa que cresce dia após dia em minha vida, me possibilitando, depois de sarar minhas dores emocionais, iniciar a repetição de padrões valiosos de meus pais, honrando-os e respeitando-os. Minhas feridas se transformaram em cicatrizes, recordações saradas e curadas, mas que dizem muito de minha história.

Hoje, posso afirmar que sou uma pessoa de fé, semelhante a meus pais. Pessoas de fé vivem o futuro no presente, sonhando e transformando os sonhos primeiramente em imagens e buscando realizar e viver cada um deles. A felicidade na minha vida parecia improvável, mas milagres acontecem, e esse milagre foi um jeito de Deus me dizer que sempre esteve ao meu lado, me quebrantando, fortalecendo e me direcionando para pessoas especiais, lugares incríveis e acessando conhecimentos extraordinários.

Vencer meus medos e fazer o que era preciso me fez crescer e redefinir quem eu verdadeiramente sou, me tornando maior por dentro e me conectando com o propósito e a missão que Deus desenhou para mim. Hoje, me completo e me realizo restaurando vidas, potencializando empresas, impactando pessoas e continuando a minha jornada de crescimento e cura, me sentindo vitoriosa a cada dia. Meu propósito me encontrou. Glória a Deus por isso.

Não sei qual é o seu desafio hoje, mas sei que se você o vencer romperá limites e ultrapassará barreiras, não só para você, mas para a sua família e seus descendentes. Mantenha-se na fé, acreditando que é uma construção, não se afaste de seus valores, que tudo o mais lhe será dado. Profetizo e declaro em sua vida que todo espírito de orfandade se afaste, pois você tem um Pai que lhe ama e lhe aceita, independentemente de suas atitudes e do seu passado. Permita-se viver na Presença. A força da fé me salvou e certamente salvará você.

"A felicidade na minha vida parecia improvável, mas milagres acontecem, e esse milagre foi um jeito de Deus me dizer que sempre esteve ao meu lado."

Raquel Lúcia Baréa

Renata Quinquin

Filha amada do meu Deus, esposa do Edicarlos, mãe da Eloisa, Caleb e Mariah, meus grandes amores, que me impulsionam todos os dias a me vestir da minha melhor versão. Filha da dona Maria Aparecida e Enival Quinquin.

Mas, antes de ser tudo isso, sou mulher. Mulher essa resiliente, determinada, que ama pessoas, focada na busca em alegrar o coração de Jesus com minha vida.

Sou farmacêutica, formanda pela FIMCA, em 2010, atuei como professora na Faculdade FAEMA. Sou coach integral sistêmica, pela Febracis. Empresária há mais de 14 anos, sexóloga cristã pelo ICS.

Em meu último projeto, desenvolvi o Feminises, um suplemento formulado para revolucionar a sexualidade de nós mulheres, bem como nossos relacionamentos. Empresa essa que busca fortalecer e restaurar laços entre casais.

renataquinquin

renataquinquin@hotmail.com

COMO OUVIR DEUS?

23

Por Renata Quinquin

Desde que me lembro, a cidade de Cacaulândia era o meu mundo e do meu esposo Edicarlos, era onde esperávamos construir nossa família, criar nossos filhos e até mesmo ver nossos netos crescendo naquele lugar. Cresci dentro da loja de confecções da minha amada mãe e, aos 17 anos, fui para a capital Porto Velho/RO, fazer faculdade de Farmácia, um sonho de infância, mas Cacaulândia sempre foi o lugar onde meu coração estava.

Conclui meu curso, voltei e montei uma farmácia na cidade, foi onde desenvolvi amor em cuidar de pessoas, pois no balcão da farmácia sempre me deparava com muitas pessoas feridas emocionais e que externavam essas feridas em seu corpo físico. No meu coração, sempre pensava: "Esses medicamentos irão aliviar os sintomas, mas eles não tratam a causa, essas pessoas precisam ser curadas emocionalmente".

Por mais que eu amasse meu lar, minha cidade, sempre senti que havia algo mais, algo que eu ainda não tinha descoberto. Sempre sentia um vazio que precisava ser preenchido. Começou, então, a surgir um incontentamento, tanto em mim como em meu esposo, que nós não sabíamos explicar o porquê daquele sentimento.

Começamos a buscar respostas do Senhor, em oração, na madrugada. Por que aquele sentimento? Começamos a fazer jejum. Quantos jejuns nós fizemos juntos. Porque a Palavra do Senhor nos diz em Joel 2:12: "'Agora, porém', declara o Senhor, 'voltem-se para mim de todo o coração, com jejum, lamento e pranto'". E foi exatamente isso que começamos a fazer.

Foi quando comecei a buscar: como Deus fala com a gente? Pois, por muito tempo, sempre achei que eu ouviria a voz audível de Deus. Nossa, como fui infantil na fé! Deus fala com voz audível? Sim, fala, mas existe um alto preço a ser pago para se alcançar essa intimidade. O que, normalmente, ouvimos é a voz do Espírito Santo, nosso conselheiro, nosso consolador que está o tempo todo conosco. "Mas aquele Consolador, o Espírito Santo, que o Pai enviará em meu nome, vos ensinará todas as coisas e vos fará lembrar de tudo quanto vos tenho dito" (João 14:26). Aquela voz que, quando fala, o sentimento desce lá no fundo do coração. É isso! Essa é uma das formas de ouvir o Espírito Santo.

Por muitas vezes, encontrei consolo na Palavra de Deus. Certa vez, me lembrei das palavras do Salmo 32:8, que diz: "Instruir-te-ei e te ensinarei o caminho que deves seguir; e, sob as minhas vistas, te darei conselho". Sabia que Deus iria me guiar, eu continuava em busca de resposta e orando sem cessar. Foi quando as respostas começaram a vir.

Tudo começou quando o Pastor André Fernandes apareceu nas nossas redes sociais, e, então, começamos a assistir os cultos *on-line* da Igreja Lagoinha Alphaville. Nossa, era sobrenatural, sentíamos a presença do Espírito Santo muito forte, mesmo *on-line*. Cantávamos louvores, chorávamos, era uma presença muito forte e Deus usou a boca do André por várias vezes para falar com a gente, era como se Deus estivesse me chamando para além dos limites de Cacaulândia, para algo maior. A palavra "Mova-se! Busque, renovo!", era algo muito forte que eu não podia ignorar.

Em um certo domingo, quando eu e meu esposo estávamos em propósito, nosso pastor local Zildo Ferreira falou no púlpito, sem saber de absolutamente nada: "Você que acha que já prosperou muito nesse lugar, Deus tem algo maior para você e é de São Paulo, além". Nossa, ficamos extasiados quando ele disse isso, era exatamente a confirmação que estávamos pedindo, só não sabíamos para onde o Senhor queria nos levar. Esse chamado trouxe consigo uma mistura de medo e excitação. Afinal, significava deixar para trás tudo o que eu conhecia, rumo ao desconhecido de São Paulo.

Além de palavras proféticas, encontrei respostas nos louvores, que ecoavam em minha alma. Os louvores eram como a voz de Deus, lembrando-me de Sua presença constante em minha vida. Cada canção era um lembrete de que eu não estava sozinha, de que Deus estava sempre ao meu lado, guiando-me e fortalecendo-me. Tem um louvor que me marcou muito, “Descendência”, de Paulo Henrique. Lembro que, numa manhã, orei pedindo que Deus abençoasse meus filhos, que minha descendência pudesse colher os frutos dessa mudança. Quando entrei no carro, o que começou a tocar? Exatamente esse louvor, que fala assim: “Filho, eu vou honrar a sua descendência. E onde colocar as mãos, prosperarei. A sua casa será uma referência, e todos saberão que Eu te abençoei”. Nossa! Chorei muito nesse dia, senti o Espírito Santo, me senti sendo muito cuidada por Deus.

Eu buscava ouvir a Palavra de Deus o tempo todo, por meio das redes sociais, enquanto cozinhava, enquanto fazia academia e Ele falou muito ao meu coração por meio das pregações on-line. Ouvir as palavras de profetas e pastores era como receber uma mensagem diretamente de Deus. Cada palavra falava diretamente ao meu coração, trazendo conforto e encorajamento nos momentos em que eu mais precisava. Tem uma pregação do Tiago Brunet, “O poder que abre portas que estão fechadas”. Ela foi mais uma das formas que Deus falou comigo. (Se puder, não perca oportunidade de assistir.) Esse vídeo fala muito sobre concordância, e que Deus não está no meio de nada em que não haja concordância.

A decisão de seguir esse chamado não foi fácil. Significava deixar para trás minha confortável rotina, meus familiares, meus amigos, minhas empresas. Mas a sensação de que eu estava seguindo o propósito de Deus para minha vida era irresistível. Eu sabia que não podia ignorar.

Não tivemos como resistir. Colocamos tudo o que cabia dentro do carro e partimos, rumo a São Paulo. Decidimos obedecer e a direção era para virmos para Lagoinha Alphaville e essa mudança de estado não foi fácil. Nos primeiros dias, sentíamos falta de tudo o que tínhamos deixado para trás, nossos filhos quase todos os dias choravam com saudade, sentíamos falta de tudo: do ar fresco e puro, do som dos pássaros pela manhã, do calor da nossa pequena cidade. Mas, mesmo nos momentos de incerteza, sentia em meu coração uma paz, uma esperança tão boas de futuro, que só podia vir de Deus. E Ele estava cuidando de cada detalhe, o condomínio, os vizinhos, a casa... Nossa! A casa que eu sempre sonhei. Na Igreja, vivemos o sobrenatural desde que chegamos, porque nela está acontecendo um grande avivamento. Sinto que foi esse o motivo de Deus ter nos direcionado para cá, pois há muitos anos eu orava por um avivamento. Assim que chegamos, meu filho Caleb, de apenas 8 anos, foi batizado em línguas pelo Espírito Santo, num culto infantil; eu também, como nunca, recebi uma unção que jamais me senti capaz de receber, falei em línguas por mais de quatro horas. Na verdade, adormeci nesse estado após um culto muito especial e experiências muito fortes com Espírito Santo vêm acontecendo.

Minha jornada para Alphaville não foi apenas uma mudança de localização geográfica. Está sendo uma jornada espiritual, uma jornada em busca do propósito de Deus para minha vida. E mesmo nos momentos mais difíceis eu sei que estou exatamente onde Deus deseja que eu esteja.

Aprendi que Deus nos cura para que possamos curar e o nosso propósito é maior do que nós. Vou contar para vocês algo muito pessoal, mas não posso deixar aqui de estimular cada uma de vocês a irem em busca do seu propósito, a ajudar a curar outras pessoas.

Eu tive, no meu casamento, durante muitos anos, problemas sexuais, crenças limitantes que foram implantadas em mim durante toda uma vida, que não me permitiam desfrutar de uma vida sexual saudável e feliz com meu esposo. Ele sempre era rejeitado por mim, porque eu nunca o queria, sempre estava com dor de cabeça, cansada e, por muitas vezes, deixava ele ir dormir primeiro, ficava assistindo TV para só mais tarde ir para cama. Será que você também já fez isso?

Então, há alguns meses, decidi desenvolver uma fórmula medicinal que pudesse me ajudar e ajudar outras mulheres, um suplemento natural que proporciona a nós, mulheres, mais energia, disposição e mais libido. Então, surgiu o Feminises. Por meio dessa empresa, desse suplemento, sei que muitos relacionamentos serão restaurados, laços serão fortalecidos e portas serão fechadas para que Satanás não mais entre nos lares e nas famílias, "porque que ele veio apenas para matar roubar e destruir" (João 10:10). E o meu Jesus veio para que tenhamos vida e vida em abundância, e essa vida em abundância não é só lá no Céu, começa aqui na terra, em todas as áreas das nossas vidas, inclusive no nosso casamento, basta nos movermos em obediência.

Mesmo que pareça que você já fez tudo e não há mais nada a fazer, se você mantiver a atitude adequada, se permanecer disposta a saber se ainda falta algo a ser feito, se mantiver em si um sentimento de visão positiva de futuro, sempre encontrará uma pista para sua jornada aqui na terra.

Minha história é um testemunho do amor e da fidelidade de Deus. Se você está se sentindo perdida ou incerta sobre o seu caminho, saiba que Deus está sempre pronto para falar com você. Esteja atenta à Sua voz, nas Palavras, nos louvores, nas pregações. Ele está sempre ao seu lado, guiando-o e fortalecendo-o em sua jornada.

Confie no Senhor e permita que Ele te guie em direção ao seu propósito, para que, verdadeiramente, você viva a sua real identidade em Cristo Jesus, para que seja transformada na mulher que Deus planejou desde o ventre da sua mãe. E que você, assim como eu, possa buscar fazer o coração de Jesus feliz.

"Mesmo que pareça que você já fez tudo e não há mais nada a fazer, mantenha a atitude certa e decida obedecer."

RENATA QUINQUIN

SALGADO

Sou Silvana Salgado, filha amada de Deus, nasci em Guaraci/SP, hoje resido em Monte Alto/SP. Casada com Guilherme Salgado e mãe do Mateus, de 29, Filipe, de 24, e Mariana, de 15.

Minha primeira graduação foi Ciências Contábeis, e aos 40 anos pude realizar o sonho de ser psicóloga em gestão emocional e desenvolvimento pessoal há quase vinte anos, com muita experiência com adolescentes e adultos. Hoje, com sessenta anos, estou em transição de carreira para o empreendedorismo digital.

Sou analista de perfil comportamental, palestrante e mentora de mulheres, homens e famílias prósperas e saudáveis.

Meu propósito de vida é trazer consciência às pessoas de que nascemos para ter vida em abundância. E que prosperar, em todas as áreas da vida, é crescer.

EusouSilvanaSalgado

eusousilvanasalgado

silvana@alphavitta.com.br

eusousilvanasalgado

FAMÍLIA: AMOR, GRATIDÃO E RENOVAÇÃO

24

POR SILVANA SALGADO

Sou de uma família católica, amorosa, que fez por mim o que pôde, na educação, na vivência da fé e no amor. Sou a segunda filha e a terceira neta, então foi aquela expressão: "Outra menina?". Minha irmã, a primeira neta paterna e afilhada dos meus avós. Meu pai percebeu que não ligavam muito para mim e mais para minha irmã. Foi quando ele começou a se importar mais comigo e nos tornamos parceiros, de irmos no sítio, na cidade vizinha, no banco. Eu ia cantando músicas de igreja. Eu achava meu pai o máximo, lindo e corajoso. Quando criança, temos o pai como nosso super-herói e a mãe como a mulher maravilha. E, depois, entendemos que eles também têm suas dificuldades e que nos deram o que eles conseguiram e tinham para dar.

Desde criança, quando me perguntavam o que queria ser quando crescesse, eu já respondia: "Eu quero casar e ter filhos". Meu pai nem gostava de me ver falando assim, e já vinha com a resposta: "Pare com isso, menina! Você não tem idade para isso!".

E meu pai, Donaldo, faleceu do coração com 50 anos. Foi um susto, uma dor profunda. Foi um imenso vazio em meu coração e para nossa família. Quando papai faleceu, eu namorava e ele falou que esse namorado não iria me fazer feliz. Há poder nas palavras dos pais. Minha mãe, Geralda, ficou viúva com 46 anos e o nosso trabalho era fazer salgados para escolas e bares. A partir daí, eu assumi o lugar do meu pai. O tempo passou, continuei aquele namoro, me casei, não tive filhos e me divorciei. Mais uma dor! Outra perda. Me vinha na cabeça: "E minha família, não terei filhos?".

E me abateu uma imensa tristeza e medo do futuro. Nesse momento, tive uma experiência profunda com Deus. Meus pais eram da igreja antes de eu nascer, mas faltava o "ardor no meu coração". Investi minha vida em viver no Espírito Santo todos os dias, participar de retiros e conhecer a Palavra de Deus. Ah! Que tempo profundo de fé foi aquele! Continuava a pensar em ter a minha família, mas com medo de sofrer novamente. Vivi em busca do perdão e do amor de Deus. Me senti profundamente amada por Ele, mesmo naquela dor. Os amigos de oração, a fé e a esperança foram fundamentais na minha vida, naquele momento em que cheguei a me sentir um nada.

Foi aí que conheci o Guilherme, saindo da residência médica, irmão de uma amiga. Nos conhecemos na casa dela, quando os pais dela, que eram da Renovação Carismática, vieram visitá-la. Eles acabaram fazendo uma oração por mim e ele estava junto. Depois de uns meses, nos encontramos novamente na casa dela, em outra cidade, pois ela tinha se mudado, e começamos a namorar. Em um ano, estávamos nos casando. Aí eu perguntei a Deus se era da vontade Dele, porque na vida é preciso a gente ouvir o que Deus tem para nos dizer. O que é de Deus acontece sem empecilhos. O desejo dele também era de formar uma família e ter filhos. Como não tive filhos no casamento anterior, fui ao médico, fiz exames e comecei a tomar medicação para ovular e tive uma gravidez tubária (na trompa). Perdi a trompa direita e viram que meus ovários eram policísticos e que eu tinha o útero virado. Foi muito triste aquela cirurgia.

O pensamento era que seria mais difícil ainda ficar grávida. Era um momento tão intenso de medo, incerteza, mas confiando que Deus estava cuidando de nós. Morávamos numa cidade pequena, em que ele atendia no posto de saúde, e fazia cirurgias em outra cidade. Eu tinha saído do meu trabalho onde morava. Quando nos casamos, eu era contabilista, que foi minha primeira graduação, mas não tinha experiência para abrir um escritório, eu era escriturária numa cooperativa. Agora, numa cidade que não conhecia ninguém, eu fui para Igreja me oferecer para alguma pastoral. Tinha também a Renovação Carismática, que um ano antes eu tinha ido fazer a inauguração do grupo e nem imaginava que iria morar nessa cidade. Já vi aí a obra de Deus na minha vida.

Dois meses depois da cirurgia, feita para retirada da trompa direita, eu estava grávida do meu primeiro filho. Foi um misto de alegria e preocupação, pelo pouco tempo que havia passado pela cirurgia. O meu ginecologista me tranquilizou e pude vivenciar a gravidez tão desejada e abençoada. Fiz o ultrassom, mas não tive a curiosidade de saber o sexo do bebê. Quando ele nasceu, num domingo à noite, e chorou, eu falei: é o Mateus. Foi uma experiência maravilhosa, mas que trouxe muita insegurança para a mãe de primeira viagem. Mas ele não me deu trabalho, hoje não me lembro das coisas "ruins", como acordar de madrugada para amamentar, trocar fraldas... Eu me lembro que ele me tornou mãe. O Mateus era meu companheirinho. Menino lindo, alegre e feliz. Eu, então, fui ser esposa, mãe e dona de casa.

Depois de quatro anos, quisemos ter outro filho e voltei ao médico. E, novamente, tomei remédio para ovular. E logo fiquei sabendo que viria o segundo filho ou filha. A gravidez foi ótima, mas aconteceram muitas dificuldades no trabalho do Guilherme, que eu acabava pegando para mim. Eu queria me mudar da cidade e ele comprou uma casa sem falar comigo, para me fazer surpresa. Não gostei, me apavorei e a gravidez foi conturbada. Aí quis saber o sexo, e era o Filipe, menino lindo e que alegrou demais o Mateus, que queria um irmão para brincar.

Ele também não me deu trabalho, não foi chorão, aliás, meus filhos nunca foram de chorar, o vínculo na amamentação é muito forte. Amamentar no peito é uma linda experiência de amor. Mesmo se for amamentar com mamadeira, esse ato é olho no olho, aconchego, é estar juntos. Nessa segunda gravidez, o que senti foi que parecia que estava tirando o amor do Mateus para dar ao Filipe. Foi algo da minha cabeça, porque dei conta muito bem dos dois.

Eu fazia parte do grupo de oração e levava eles comigo, no carrinho; se precisasse, eu dava o peito. Eles sempre me acompanhavam. Aos 40 anos, eu passei por uma fase de insegurança, pois vi os filhos crescendo. O que eu iria fazer de bom para minha vida? Foi quando a psicoterapia, que fiz naquele momento, me fez lembrar da minha primeira profissão, que gostei lá atrás: a Psicologia. Falei com o Guilherme e fui fazer faculdade na cidade vizinha. O curso era de manhã e eu levava os meus dois filhos na escola, de lá ia para a faculdade. Pegava eles depois da aula e vinha para casa. Assim, quando entrei no quarto ano de faculdade, descobri que estava grávida novamente. Eu me apavorei demais, com 44 anos, no quarto ano de Psicologia, pegava a estrada todos os dias. E aí veio o medo maior: eu bem mais velha. E se Deus quisesse provar minha fé em uma criança com problemas? Porque havia esse risco. Eu me apavorei, o Guilherme também, pois eu tomava remédio para pressão alta e tinha uma vida corrida demais com os filhos, com o esposo, a casa e a faculdade, viajava todos os dias.

Os meninos amaram a notícia de ter um neném em casa. Mateus com 13 anos e Filipe com 9 anos. Começar tudo de novo. Bem, os colegas de classe me apoiaram demais, os professores também e isso foi fundamental para eu não abandonar a faculdade e o meu sonho. Quando soube da notícia da gravidez, estava na época da campanha da fraternidade "Vida sim, aborto não!". No começo, eu só chorava e a fé teve que fluir do meu coração, por meio da Palavra de Deus: "O justo vive pela fé!" (Hebreus 10:38).

A partir do quinto mês, fechei o semestre na faculdade, fui dando conta de me organizar e comecei a curtir minha gravidez. Pedia muito perdão a Deus. Também fui muito criticada: "Nossa, uma pessoa da igreja e não está feliz com a gravidez". E não era por causa da criança, mas pelo meu estado físico e emocional naquela época. Eu estava pensando em mim, mas tive que retroceder para gerar uma nova vida. Os meninos felizes, já disseram: "Vai ser uma menina e vai se chamar Mariana". Para mim, eu teria um menino e seria o Miguel. No quinto mês, fizemos ultrassom e vimos que seria a menininha.

E assim foi uma gravidez maravilhosa, sem nenhuma intercorrência, e ela nasceu perfeita. Uma doce menina, que parecia que sabia que eu estava indo para o último ano da faculdade. Ela não me deu nenhum trabalho. Dormia sozinha às 20h e acordava às 6h30, quando eu ia levar os meninos para escola e depois para a faculdade. Nesse momento, quando ela tinha 4 meses, eu e os meninos ficávamos mais na cidade vizinha, por conta da faculdade. Minha mãe que morava lá, sempre me ajudou e foi uma bênção. Deus também colocou um anjo de pessoa, a Ly, para cuidar da Mari e dos meninos, pois eu ficava o dia todo fora.

Mariana nos trouxe e nos traz muitas alegrias. Valeu a pena cada momento por conta da sua espera. Ela me trouxe vida nova, e, até hoje, com 15 anos, me ensina muito, porque é vaidosa e eu não era muito. Ela é estudiosa, paciente, carinhosa e peço perdão a ela desde que ela estava na minha barriga, depois nos meus braços, mamando no meu peito todo rachado. Perdão, filha amada. Mamãe não chorou por causa de você, e sim por conta do momento. E assim é que devemos fazer com nossos filhos: partilhar nossa história, nossos momentos difíceis, até nossas escolhas erradas. Meus três filhos sabem que já fui casada anteriormente, desde pequenos. A partir dos 8 anos, eles já entendem e sofrem muito menos com as verdades que partilhamos com eles.

Acredito que essa terceira gravidez, sem tratamento algum, veio porque já estava escrito na palma da mão de Deus. E o apavoramento foi por conta de não ter clareza das três importantes crenças de identidade, de **quem eu sou**, da **capacidade** de fazer o que precisa ser feito e do **merecimento** de ter e tomar posse das bênçãos, porque essas crenças precisam ser reconhecidas e fortalecidas em nossa vida.

Eu tinha a Mariana na minha mente, porque eu falava que teria três filhos, como minha mãe. Nada na vida é por acaso. Deus cuida de nós e nos ama com amor eterno. Amigos são muito importantes, pois quem tem um amigo tem um tesouro (Eclesiastes 6:14). Deus colocou amigos de fé que nos sustentaram e continuam conosco, que amamos.

Hoje, fortalecidos nesse amor de Deus, temos a certeza de que "Tudo coopera para o bem daqueles que amam a Deus, dos que foram chamados de acordo com o seu propósito" (Romamos 8:28).

"Em cada lágrima derramada, um novo sorriso foi prometido; e em cada oração feita, um novo capítulo de bênçãos foi escrito."

SILVANA SALGADO

SILVA KOLH

Sou Simone da Silva Kolh, natural de Icaraíma/PR. Resido em Campo Verde/MT, com minha abençoada família: meu esposo Wilian Machado, com quem sou casada há 17 anos, e meu Filho Wilian Gabriel.

Graduada em Letras, vendedora e empreendedora, participei de quatro Método CIS (*Coaching* Integral Sistêmico), cursando Psicanálise Clínica, sempre buscando evoluir e ampliar meus conhecimentos.

Atuo no mercado corporativo há catorze anos, na comercialização de combustível e como varejista de artigos do vestuário. Sou sócia-proprietária de um TRR, em fase final de um projeto empreendedor no comércio atacadista de combustível, juntamente a um amigo que confiou no projeto.

Venci grandes desafios e comprovei que é possível mudar a própria vida por meio da fé, perseverança, autoconhecimento e um desejo constante de superação.

simonekolh

simonekolh@hotmail.com

VENCENDO O LUTO COM FÉ E RESILIÊNCIA

25

POR SIMONE DA SILVA KOLH

Quero compartilhar com você a minha experiência de fé, na qual, diante de tantos desafios, priorizei seguir Jesus. Conquistar sucesso, paz e alguns sonhos não têm nada a ver com dinheiro; existe sim uma receita para todas as conquistas pessoais e para vida eterna.

Desde criança, eu sempre tive muita responsabilidade. Comecei a trabalhar com 11 anos no comércio da família, onde trabalhava com meu avô e meu pai. Nesse período, tive momentos bons e ruins, amadureci precocemente. Lembro-me de que em todos os momentos eu manifestava gratidão a Deus, pois, independentemente da situação, de alguma forma estava contribuindo para o meu crescimento e desenvolvimento. Confesso que, na maioria das vezes, eu não entendia por que acontecia tanta coisa triste na minha família e, mesmo assim, eu não conseguia sentir raiva de Deus.

Um detalhe que eu considero muito importante, é que no meu batizado, os padrinhos escolhidos pelos meus pais e meu avô não compareceram no dia da celebração. Segundo eles, tiveram um compromisso e esqueceram de avisar que não estariam presentes. Mas, como eu disse que em todos os momentos eu agradecia, não fiquei triste, me levantei e pedi ao padre para realizar o meu batismo sem os padrinhos, pois eu estava pronta e tinha uma certeza: queria muito ser batizada.

Naquele momento, havia uma criança decidida, na frente de todos, querendo o sacramento do batismo e o padre chorando, dizendo que não poderia realizá-lo sem um padrinho. Foi então que eu disse que não aceitava ir embora sem o sacramento e que o padre deveria resolver isso.

Ele ficou chorando, emocionado, por ver uma criança de apenas 5 anos pedindo para ser batizada, sem se importar quem seria seus padrinhos, ou se teria padrinhos. Ele disse:

— Simone, você aceita o padre como seu padrinho?

Eu disse:

— Sim, aceito.

Me senti feliz pelo padre ter realizado meu batismo e tê-lo como meu padrinho. Jesus é maravilhoso e age de maneiras misteriosas, pois cuidou de cada detalhe.

Eu tiro como ensinamento esse acontecimento, de que não importa a circunstância Deus está sempre com você, então agradeça. Penso também que Deus começou cedo a testar minha fé, foram tantas adversidades que cheguei a pensar que não suportaria.

Desde criança, eu já conduzia algumas coisas da família e do trabalho com meu pai e meu avô materno, ou seja, sogro do meu pai. Meu avô era conhecido na pequena cidade onde morávamos como "Pamonheiro", mas seu nome de registro era Hermenegildo Eduardo da Silva. Isso mesmo, "da Silva", eu tenho muito orgulho em ter "da Silva" no meu nome. Impossível falar um pouco da minha história e não falar do meu avô Hermenegildo. Era nordestino, analfabeto, pai de doze filhos e esposo da dona Maria Vicência. Homem honrado, honesto, trabalhador, forte e de um temperamento explosivo e sem paciência; mas era ele que nos dava amparo. O problema é que quando alguém da família aprontava, ele não conseguia dizer o que precisava ser dito com palavras certas, para que ficasse o aprendizado e não o trauma.

O Sr. Pamonheiro não alisava ninguém, nem mesmo a "Simona", era assim que me chamava. Ele dizia meu nome errado, mas eu gostava, sou grata a ele por ter contribuído com a minha educação e ter me ensinado a ser uma boa vendedora. Ele tinha uma mercearia com meu pai. Na verdade, meu avô me ensinou a sempre estar pronta, seja para alguma coisa boa ou para o sofrimento. "Esteja pronta".

Eu lembro do dia 28 de março de 2001, o dia que meu avô – o homem que me ensinou a ser honesta, humilde, trabalhadora, dizer sempre a verdade, cuidar da família – cometeu suicídio. Buscaram-me na escola para que ele pudesse se despedir de mim, pois ele havia ingerido veneno e seu caso era irreversível. Naquele dia, ele me pediu perdão por tal ato, disse que se pudesse voltaria atrás, pediu perdão a Deus e chorou muito por saber que ali era o seu fim. Mas, me disse:

— Agora é com você, "Simona". Tem que ser forte e ajudar seu pai, você consegue, eu sei que consegue.

Naquele momento, eu descobri que era uma "da Silva" e que precisava ajudar meu pai e ser uma "Kolh" também. Escrevo com lágrimas nos olhos, pois demorou muito tempo para eu perdoá-lo. Ele cometeu esse ato doze dias após meu aniversário de 14 anos. O pior de tudo é que ele disse que ia fazê-lo, mas ninguém acreditou. Meu avô não aceitava a vida que alguns da família queriam levar, não aceitava comportamentos desonestos e se sentiu envergonhado perante a sociedade, e foi esse um dos motivos de pôr um fim na sua vida.

Somente após 23 anos senti vontade de escrever sobre uma parte da minha história, para que pudesse transmitir uma mensagem de superação e estar atenta aos sinais, pois mesmo uma pessoa sendo forte, corajosa, independente, conselheira, que afirma ser feliz, pode estar sofrendo em silêncio, assim como meu avô. Então, após a morte dele, fiz o que ele disse: fui ajudar meu pai e minha família.

Sofremos muito com a perda do nosso porto seguro, minha mãe ficou depressiva e a família da Silva toda desorientada, mas o que mais me chamava atenção é que não tinha união e nem oração no meio da família. E eu buscando a cada dia construir um relacionamento com Jesus, pois me trazia paz e conforto. Meu avô era tudo para mim e eu tive que me dedicar e fazer a diferença.

Foi quando eu comecei a agradecer a Deus e segui-lo, mesmo sofrendo, pois fui a única neta que teve a oportunidade de conhecer quem ele era de verdade. Ele me ensinou a ser uma pessoa humilde, mas me ensinou também a nunca deixar ninguém me diminuir. Diante de tudo o que aconteceu, sou grata a Deus por ter o sangue dele correndo nas veias e guardei todos os seus conselhos e ensinamentos.

Aos 20 anos, já na universidade e namorando a pessoa que pedi a Deus, decidimos, os dois, mudarmos para o estado do Mato Grosso, na cidade de Campo Verde, lugar onde moramos até hoje. Eu a chamo de cidade maravilhosa.

Campo Verde me amou desde o primeiro momento, e eu tive certeza de que ali era o lugar certo, porque eu estava feliz e em paz. Sempre soube que era Deus me conduzindo. Com dois meses residindo na cidade, trabalhando muito, fomos presenteados com um filho, o nosso Wilian Gabriel. Eu fiquei muito assustada e com medo, mas Deus me direcionou para o caminho certo, pois foi o maior presente que tive na minha vida.

Hoje, com 37 anos, tenho a certeza de que sou uma mulher abençoada e corajosa, tenho força e poder de realização, sou próspera e muito amada. Eu posso garantir a você que somente Jesus tem a receita para conquistar o sucesso e a vida eterna. Jesus me direcionou em cada passo; quanto mais eu O conheço mais eu O amo.

Eu saí de um ambiente tóxico, sonhando em ter uma família abençoada e adquirir mais conhecimento para prosperar. Descobri que é possível, pois quando você muda, tudo muda – já que o ambiente sempre vence. Eu procuro estar e conviver com pessoas de princípios e valores, que Deus tem colocado no meu coração e me distanciar de tudo que não ressoa com a minha essência, mas sem julgar o próximo.

Volto à minha cidade Natal e agradeço por todos os nãos que me deram, pois foram eles que me levaram para outro lugar. Sou muito grata aos meus parentes e amigos que ainda moram lá, sou grata por todo amor recebido por eles. Jamais quero perder a conexão com minha base, mas procurei ter o cuidado em ser uma boa referência para quem vem depois de mim. Isso porque eu prendi que as crenças e valores têm um profundo impacto no comportamento e na vida das pessoas, então minhas atitudes devem estar alinhadas com a minha fala.

Lembro-me sempre da sabedoria desse provérbio: "Se as palavras ensinam, os exemplos arrastam". Então, eu reavalio meus comportamentos para que eu possa transmitir ensinamentos verdadeiros.

Eu valorizo minhas raízes e acho que todas as pessoas deveriam honrar as suas também. Eu não digo isso para justificar para as pessoas que eu venci, e sim para dizer que sinto orgulho da minha história e da minha fé em Jesus Cristo, pois ser próspero não tem nada a ver com o dinheiro que tem na sua conta bancária, mas sim com o amor que você consegue dar ao próximo, mesmo ele não tendo nada a lhe ofertar.

Posso dizer que hoje sou uma mulher que sonhou e não desistiu, aquela menina que já vendeu verduras nas ruas, vendeu salgadinhos numa caixinha de isopor, que trabalhou no comércio desde pequena, segue firme pois tem um Deus de Milagres. É muito feliz e realizada em seus projetos, mantém-se fortalecida e confiante, com uma fé inabalável e um amor incondicional por Jesus.

SIMONE DA SILVA KOLH

Eu sou muita grata a Deus por todas as conquistas e pela minha família, sou grata pelo meu trabalho e por tantas pessoas abençoadas que Jesus tem me apresentado. E, acima de tudo, por conseguir, com meu marido e meu filho, abençoar outras vidas com o amor do Espírito Santo.

Desejo que este capítulo faça a diferença na sua vida e, a partir de hoje, você busque o autoconhecimento para entender sua real identidade. Identifique suas fraquezas e as torne em crescimento pessoal. Eu consegui e você também é capaz. A transformação começa quando você decide não ser mais refém das circunstâncias. Inicie a experiência de seguir Jesus para que possa conquistar o sucesso e a vida eterna, com muita persistência em tudo, para alcançar o resultado desejado.

Que Deus continue abençoando sua vida e suas conquistas! Um grande abraço.

“Somente Jesus tem a receita para o sucesso e para a vida eterna.”

Simone da Silva Kolh

DIREITO CIVIL
3
CURSO DE DIREITO PROCESSUAL CIVIL
FREDIE DIDIER JR.

Solange Doro

Me chamo Solange de Santa Doro, natural de Boa Esperança/PR. Resido no Jardins de Monet, em Maringá/PR, com meu abençoado esposo, Carlos Eduardo Doro, com quem sou casada há dezoito anos. Tenho dois preciosos filhos, Carlos Eduardo, de 10 anos, e Lucas Henrique, de 8 anos.

Sou advogada há mais de quinze anos, especialista em Direito Empresarial e Bancário, mentora *businnes hyperformance* de Gestão Empresarial, criadora do Método Águia de Gestão, master coach, escritora, e analista comportamental.

Atendi mais de duzentas empresas, auxiliando e potencializando resultados por meio de suporte jurídico, aplicando ferramentas de capacitação e gestão.

Nesta jornada, pude superar grandes desafios e vivenciar experiências que me conduziram ao caminho sem volta pela busca inconstante do sobrenatural de Deus, pois, por meio deste conhecimento sublime, pude compreender que tudo é possível àquele que crê.

+55 (44) 99761-4500
solangedoromentora
solangedoroadv@gmail.com

A FORÇA *da Fé*

A PLENITUDE DE VIVER O SOBRENATURAL DE DEUS

26

Por Solange Doro

Vivemos hoje em um mundo de total apostasia, onde a maioria esmagadora da população renuncia seus dogmas de religião ou crença, abandonando completamente a sua fé, para viver as coisas do mundo e os desejos incessantes da carne.

Em um mundo de mudanças impiedosas, de tantas incertezas e vaidades, Jesus veio para nos trazer a nova aliança com Deus e nos deixar o seu Reino, um mundo belo e ordenado, que seria o reflexo da sua perfeição. Contudo, ele é prisioneiro do pecado e do mal, por não possuirmos a necessária compreensão deste legado deixado por Ele: o sobrenatural de Deus.

A compreensão reside apenas em crer neste poder do sobrenatural, naquilo que não se pode ver, pois Jesus disse: "Eu sou o Alfa e o Ômega, o Primeiro e o Último, o princípio e o fim" (Apocalipse 22:13)[1], e Ele é o único antídoto para todas as ameaças e incertezas que vivemos neste mundo; nEle encontraremos paz.

Esta razoável compreensão sobre a minha própria crença foi conquistada e fortalecida ao longo dos meus 42 anos. Tudo começou numa pequena cidade chamada Boa Esperança. Ironia ou não do destino, para uma jovem muito sonhadora, a esperança sempre foi minha melhor companheira. Meus pais possuíam uma pequena propriedade rural, num vilarejo chamado João Sene, e vivemos nesta propriedade, com mais dois irmãos. Trabalhávamos nas atividades rurais até eu completar os meus 14 anos.

1 **Bíblia Fé e Trabalho**. São Paulo: Sociedade Bíblica do Brasil, 2020.

E nessa infância e pré-adolescência, já pude sonhar e idealizar as coisas que vivo hoje, pois nunca me conformei com aquela difícil realidade em que vivíamos. Andávamos 8 km todos os dias para podermos estudar, pois a única escola municipal mais próxima ficava na cidade vizinha. Precisávamos fazer diárias na colheita de algodão para conseguir comprar roupas, calçados e material escolar, pois a renda da plantação nas nossas terras mal dava para comprar alimentos e pagar as contas de casa.

Havia, neste sítio, um pasto cercado de arame farpado e bem na entrada desta propriedade havia um grosso tronco de madeira que fazia parte do cercado, o qual dava vista para o mais lindo pôr do sol. Quase todas as tardes, eu gostava de me sentar neste tronco e imaginar, em detalhes, como seria a minha vida morando na cidade, onde eu moraria, como meus pais se adaptariam, com o que eu trabalharia etc.

Um belo dia, por ter visto um elegante senhor advogado, muito bem trajado, conversar de uma forma sábia e fascinante com meu pai, eu falei, "Está aí, quero ser igual a ele!". E nesses meus devaneios de sonhar alto, deixei escapar, perto da minha mãe, que queria ser uma advogada. Minha mãe soltou aquela gargalhada e zombou da minha cara, dizendo: "Só se for advogada dos pobres". Apesar de me sentir muito constrangida pelos risos de minha mãe, que para mim, naquele momento, o sonho de ser um dia advogada soou como algo inatingível, continuei sonhando com aquela pastinha preta em minha mão e aquela roupa elegante.

Hoje, tendo melhor compreensão da visão que minha mãe teve naquele momento, com todas as suas limitações e crenças que possuía, ela não podia viver aquele sonho por mim, pois se via muito pequena e tão incapaz de me proporcionar viver aquilo que idealizei. Ela não conseguia plantar em mim se quer a esperança de um dia viver este sonho, pois para ela seria algo realmente impossível. Mas graças a uma fiel esperança e um sentimento inexplicável, todos os dias, incessantemente, eu já me imaginava (com os olhos da fé) nesta condição de estar morando na cidade, sendo advogada e proporcionado melhor condição de vida para minha família.

Aos meus 14 anos e 10 meses, com nada de experiência, e apenas um grande desejo no peito, no dia 5 de janeiro de 1997, eu dei o primeiro passo na direção deste grande sonho. Eu decidi, em pleno dia de domingo, buscar minha transferência escolar na cidade vizinha, qual por sorte um amigo conseguiu abrir o colégio e me entregar pelo menos uma solicitação de vaga em outra escola. Com documento em mãos, eu decidi pegar carona com um tio, que morava em Maringá e havia ido visitar os meus pais no Natal. Naquele mesmo instante, tomei a difícil decisão que mudou o rumo de tudo. Viemos deitadas, eu e minha prima, em um velho colchão de espuma em cima de uma caminhonete F-1000 branca, porque não cabíamos no carro. De forma ilegal, é claro, e sem segurança alguma, naquela noite contando as estrelas do mais lindo céu, eu já tive a certeza de que meu sonho começava a se realizar.

O início da vida na cidade foi assustador e o sonho parecia ainda mais distante. Sem emprego, sem dinheiro, sem qualquer experiência, uma semianalfabeta que mal sabia escrever. Como poderia entrar para uma faculdade?

Consegui meu primeiro emprego como balconista em uma loja de fotografia na cidade vizinha e nessa loja trabalhávamos até as 19h30. Por consequência, todos os dias eu chegava atrasada para minha primeira aula, pois eram necessários dois ônibus para voltar para minha cidade. Nesta mesma loja, trabalhei por sete anos até me tornar laboratorista, que revelava fotos, e depois, fui gerente geral da loja.

Mesmo em meio a tantas dificuldades, sempre fui grata a Deus por conduzir-nos nos caminhos, pois eu acreditava ser necessário viver aquele processo doloroso para receber a minha tão sonhada graça. Em minhas orações, pedia: "Pai, eu creio, mas aumentai a minha fé!". Pois a minha crença, como cristã, sempre foi visualizar com os olhos da fé como seria a minha vida dos sonhos. E mesmo sem ainda ter total compreensão, eu sabia que um dia ela iria se realizar, crendo, sem duvidar, que este dia chegaria. Esta passagem da Bíblia, em Romanos 12: 2, marcou muito minha trajetória: "E não vos conformeis com este mundo, mas transformai-vos pela renovação da vossa mente, para que possam experimentar qual seja a boa, agradável e perfeita vontade de Deus".

Mas, em muitos momentos na minha vida, esmoreci na minha fé e deixei me abalar pelas dúvidas e perguntas, diante de tanto sofrimento. Esse momento crítico da minha perda de fé foi quando enfrentamos o divórcio dos meus pais, período em que a nossa família parecia ter desmoronado e todos os valores e princípios que aprendi dentro da igreja não pareciam mais surtir efeito.

Neste delicado momento da minha vida, eu tive a certeza de que Deus olhou para mim e colocou um anjo para segurar a minha mão e fortalecer a minha fé, foi quem cuidou de mim e me impulsionou rumo ao meu sonho. Este anjo passei a chamar de esposo. Nos conhecemos na igreja, começamos a namorar, fizemos uma simples e linda festa de casamento, com apenas 25 convidados, apesar de termos sonhado com uma festa para quatrocentas pessoas. E este mesmo anjo foi quem me incentivou e apoiou a entrar para uma faculdade e realizar o sonho de infância, e eu, que já contava com meus 22 anos, pude realizar o sonho de pisar na faculdade. Mas os valores que ganhávamos ainda não eram suficientes para pagar a faculdade e começamos atrasar as mensalidades.

Mas com Deus sempre honrando minha vida de forma sobrenatural, conseguimos a aprovação de um financiamento, de modo que no ano de 2009 consegui concluir com êxito a tão sonhada faculdade e pegar o diploma de bacharel em Direito. Apesar de não termos condições de fazer uma digna formatura, a emoção de pegar o diploma foi inexplicável. Mesmo sem ter a formação de Direito, foi ele, o meu anjo, quem fez as honras de me entregar o meu diploma no juramento perante a Ordem do Advogados do Brasil, no dia 01 de julho de 2010.

E o que parecia ser impossível aos olhos de minha mãe, causou o mais insondável orgulho. Pois o improvável se tornou realidade nos seus olhos, sua filha "caipira e semianalfabeta" se tornou advogada. A mesma visão que tive com os olhos da fé, da vida de futuro, que havido sido idealizada sentada naquele tronco de árvore, todas as tardes para ver o pôr do sol, começou a tomar formato. E pude ver, diante dos meus olhos, aquilo que já estava no mais íntimo do meu coração. Meus pais, como sonhado, voltaram a morar juntos e compraram uma pequena chácara na cidade vizinha. Eu e meus irmãos podemos visitá-los aos finais de semana.

Fomos agraciados com dois filhos homens: Carlos Eduardo Doro Filho e Lucas Henrique Doro, que são presentes de Deus em nossas vidas. E mesmo após a realização do sonho de ser uma advogada, enfrentamos inúmeras crises financeiras, como, por exemplo, juntar três cartões de crédito e o cofrinho das crianças para comprar um botijão de gás. Mas a nossa fé sempre esteve inabalável nAquele que sempre nos sustentou até aqui, pois hoje vivemos em plenitude e abundância. Eu me tornei, com muito orgulho, aquela advogada renomada, de roupa elegante e pastinha preta na mão, que visualiza nas minhas orações, e estamos realizando outro sonho, o da casa própria, em um condomínio de alto padrão.

Por meio dessas experiências, pude aprender que para viver o sobrenatural de Deus, precisamos estar em graça, nos distanciando das trevas e do pecado e nos aproximando da luz, que é Cristo. E que o Espírito Santo, deixado por Ele aqui neste mundo para nos guiar, possa revigorar e promover toda cura do corpo e da alma, para que possamos vivenciar a caridade como missão. Missão esta que temos que contribuir na vida de nossos irmãos, para somente assim viver a "comum unidade", o Reino que Jesus preparou para nós aqui na terra, até a sua volta. Pois quando crermos neste poder de viver apenas da graça e do sobrenatural de Deus, compreenderemos o poder desta palavra tão pequena chamada fé. "Na fé, a inteligência e vontade humanas cooperam com a graça divina. Crer é um ato da inteligência que assente à verdade divina, a mando da vontade movida por Deus através da graça".[2]

Hoje, me considero filha "mimada" de Deus e obra do Seu milagre, pois só Ele pode transformar a mais improvável das criaturas em canal de graça na vida de tantas pessoas, conseguindo plantar nesta humilde mulher o desejo de crescer e contribuir na vida deste nobre leitor.

2 **SANTA SÉ**. Catecismo da Igreja Católica. Brasília: Edições CNBB. 5. ed., 2022, p. 63, tema 155.

"Quando crerdes que poderás viver apenas da graça do sobrenatural de Deus, compreenderás o poder desta palavra tão pequena chamada fé."

SOLANGE DORO

Solange Nage

Sou Solange Nage, filha amada do Pai, do Sr. Antonio (*in memoriam*) e da Sra. Felícia. Natural de Presidente Prudente/SP, resido em Umuarama/PR.

Sou graduada em Administração de Empresas pela Universidade Paranaense de Guaíra/PR, formada em *Coach* Integral Sistêmico, Análise de Perfil Comportamental e Oradores e Palestrantes, pela Febracis. Graduanda em Neurociência e Performance Humana, pela Faculdade Febracis.

Atuei por 36 anos como bancária, período em que obtive várias conquistas e muito aprendizado. Há seis anos trabalho como consultora de beleza em uma multinacional, uma experiência valiosa em autoestima feminina e relacionamento.

Estou iniciando meu trabalho/missão de analista de perfil comportamental, coach e palestrante; um propósito de Deus para minha vida.

solangenage

solangenage2010@icloud.com

O MOVER DE DEUS

27

Por Solange Nage

O mover de Deus é extraordinário! Desde a criação do mundo, quando as trevas cobriam o abismo e o Espírito Santo pairava sobre as águas, a Sagrada Escritura nos mostra toda obra da criação sendo realizada no poder do Espírito Santo e da Palavra.

É admirável o zelo e o amor de Deus ao criar para o homem muito além do necessário. E depois de preparar tudo, disse: "Façamos o homem à nossa imagem e semelhança" (Gêneses 1:26). Criou o homem e a mulher, submeteu à eles toda a criação, os abençoou e disse: "Multiplicai-vos, enchei a terra e submetei-a" (Gêneses 1:28b).

O amor de Deus por seus filhos é imenso! Mas, por que muitos não sentem esse amor? Alguns até reconhecem as obras de Deus, mas não se sentem parte delas, não se sentem filhos amados como são. E aí está a razão pela qual muitos de nós nos desencontramos de nós mesmos, da nossa verdadeira identidade de filhos de Deus. Normalmente, por experiências que deixaram em nós um significado negativo sobre nós mesmos.

Isso se reflete nas nossas escolhas de vida que, nessas condições, costumam ficar muito aquém do projeto de Deus para nós. Como se não estivéssemos contemplados com a graça e o amor incondicional de Deus. O fato de não se sentir pertencente à filiação divina, gera uma ferida no coração do homem, momento em que ele mesmo se exclui, como que se punindo, ao não assumi-la e não tomar posse de toda a graça que o Senhor preparou para ele. É uma desconexão com seu Pai e Criador e, consequentemente, com seu projeto de vida. O Pai permanece à nossa espera, pronto a nos acolher com seu amor infinito, nos perdoar e revelar a nossa verdadeira identidade, que vai muito além dos nossos erros e acertos.

Em nosso fechamento, é comum acumularmos decepções, feridas emocionais, frustrações, falta de perspectiva de vida, entre outras coisas. A maior barreira é o orgulho, que não nos permite reconhecer a real situação em que estamos e que "usamos" como proteção para não nos ferirmos novamente. Isso nos mantém na mesma condição. Não reconheço minhas fragilidades, não preciso de ajuda, não preciso pedir perdão, perdoar, inclusive a mim mesmo. Não corro riscos vivendo de forma inovadora. Assim, continuo no terreno conhecido: a desconfortável "zona de conforto", fazendo tudo da mesma forma e obtendo os mesmos resultados.

Mas o mover de Deus é tão perfeito e misericordioso que vem ao nosso encontro para nos libertar, nos revelar o quanto Ele nos ama e espera. Render-se ao Seu amor, antes de ser uma escolha, é uma necessidade. Quando chegamos nesse momento, somos verdadeiramente convencidos, não por palavras, mas pela presença amorosa de Deus que nos envolve, nos acolhe, perdoa e cura. Ao trazer esse conteúdo, recordo-me profundamente do meu encontro pessoal com Jesus, que mudou toda a minha vida e continua mudando a cada dia.

Depois de viver minha infância, adolescência e parte da minha juventude conhecendo e buscando a Deus, vivi um período em que me afastei, não de propósito, mas por comodismo. Ao me mudar de cidade para estudar, mudei de ambiente, amizades e fui perdendo o ótimo hábito da vivência religiosa. Nesse tempo, continuava fazendo minhas orações pessoais e buscando ser uma boa pessoa, o que não bastou. Sentia um profundo vazio em meu coração, mas achava que fosse apenas saudades da minha família. Ledo engano.

Embora o trabalho (bancária) e os estudos (cursinho pré-vestibular) me ocupassem a maior parte do tempo e me impulsionavam a seguir em frente, aquele vazio permanecia latente em mim. Quando fazia um passeio com as amigas, para me distrair, ao voltar para casa ele era maior ainda. Mesmo assim, sorria, era otimista e buscava realizar meus objetivos.

Aos 21 anos, tive um relacionamento que acabou. Dele nasceu meu filho maravilhoso, Vítor Antonio, hoje com 38 anos, casado com Pollyana, pai da Maria Carolina e da Maria Fernanda, minhas netas amadas.

Solange Nage

Saber que esperava um filho foi, para mim, uma grande manifestação do amor de Deus. Mesmo estando sozinha, tive todo suporte da minha família: meu pai Antonio (*in memoriam*), minha mãe Felicia e minha irmã Sônia. Neste momento da minha vida, já morava novamente com eles.

O que mais me marcou foi a atitude de meu pai quando lhe contei sobre minha gravidez. Disse a ele que eu poderia sair de casa para que ele não se sentisse tão envergonhado. Ao que ele respondeu: "Você não deixou de ser minha filha!". Essa resposta no momento em que ele soube da notícia; foi para mim, mais uma vez, a manifestação do amor de Deus.

Tudo transcorreu bem com minha saúde e a do meu filho, e a alegria de ser mãe era muito grande, apesar das circunstâncias. Na busca por um trabalho melhor, que garantisse o meu sustento e o de meu filho, prestei concurso em um banco e, em janeiro de 1988, me mudei para tomar posse na agência de Mundo Novo/MS.

No ano seguinte, encontrei aquele que seria meu marido, Walid Mahmoud Nage, e começamos a namorar. Por volta de um ano depois, tive meu encontro pessoal com Jesus; foi incrível! Lembro-me do quanto me senti acolhida, amada e cuidada por Ele até aquele momento. Ao mesmo tempo, passei a enxergar claramente minhas misérias, meus pecados. Tudo isso me revirou do avesso, me questionei muito e coloquei minha vida à luz da Palavra de Deus, que lança fora toda escuridão.

Senti a alegria do amor de Deus e fui buscando cada vez mais participar das atividades da minha Igreja: grupo de oração, Santa Missa, encontros. Tudo isso me levou a tomar uma decisão para que eu pudesse participar completamente da Santa Missa e receber Jesus na Eucaristia: viver a castidade. Rezei por um ano nesta intenção e vários irmãos de caminhada intercediam por mim. Quando decidi me posicionar e terminar meu namoro, tive a grata surpresa de ouvir do meu namorado que aceitava essa condição. Senti uma alegria imensa, com Jesus ao meu lado me amparando nessa escolha. Sentia a presença e a força de Deus me movendo e sustentando.

Não foi fácil, falhamos e eu me senti "um verme"! Mas o mover de Deus me levou à confissão e à retomada do meu propósito. Em alguns dias, meu namorado até me dizia para eu ficar com meu Deus. E eu ficava! Mas, no dia seguinte, ele voltava e a alegria com Deus e com ele era ainda maior. Assim seguimos até nosso casamento, que só aconteceu após nove anos de namoro.

Os frutos desta escolha vieram em nosso casamento: mais diálogo, maior conhecimento do outro, admiração, respeito, compreensão. Enfim, os desafios vieram, mas não foram maiores que o amor que cultivamos e consagramos à Deus.

Infelizmente, em dezembro de 2013, ele faleceu, quando voltávamos de uma viagem. A tentativa de socorrê-lo, que a princípio parecia certa, foi frustrada. O socorro que veio no primeiro momento nos deixou num lugar sem a menor condição de livrá-lo daquela situação. E embora eu tenha entrado em contato com um ótimo profissional, bem próximo de onde estávamos, e lá tudo foi preparado para ele, não consegui uma ambulância para levá-lo. A opção que me restou foi de colocá-lo no carro sem nenhum recurso – sendo que estava usando um respirador no hospital – para levá-lo à Londrina.

O medo de perdê-lo por isso, durante o trajeto, e a esperança de conseguir uma ambulância para levá-lo com mais segurança, retardaram demais o socorro necessário. E mesmo chegando ao hospital com vida, lúcido, e passar sete dias numa UTI, a situação se agravou e ele acabou desenganado pelos médicos. Com muita dor, tive que entregá-lo a Deus e dizer: "Faça a Tua vontade Senhor", o que for melhor para ele. Então, pedi a presença de um sacerdote para ministrar o Sacramento da Unção dos Enfermos. E um dia após recebê-la, ele faleceu. Senti uma tristeza profunda, um sentimento de desamparo e decepção, até mesmo com Deus. Era um desalento e, ao mesmo tempo, a vontade de fazer o tempo voltar e acertar tudo, como se o controle estivesse em minhas mãos.

Sentimentos de perda, culpa, saudade, decepção e choque em ter que encarar essa realidade retroalimentavam esse processo de reviver por muito tempo toda aquela situação, "construindo" um final feliz, como se ainda fosse possível.

A saudade, a dor, o sentimento de fim de linha, me fizeram "reconstruir" aquele dia por inúmeras vezes, o que só me deixava pior e certamente não me trariam de volta àquele momento, para que eu "acertasse" todas as ações para que ele fosse salvo. Me lembro claramente de uma parada que fizemos no caminho, não por coincidência, em frente à uma grande cruz, e então desci da ambulância, me ajoelhei e pedi insistentemente: "Senhor, salva o meu marido! Salva o meu marido!".

Quando tudo se consumou, humanamente senti o meu pedido recusado, ignorado e disse: "Senhor, eu Te pedi tantas vezes para salvar o meu marido, mas o Senhor não o salvou". E antes mesmo que acabasses de falar, o Espírito Santo colocou em meu coração: "Como não salvou? Jesus o salvou para a vida eterna. Você não pedia sempre pela salvação dele? Jesus realizou. E isso é infinitamente maior do que você possa imaginar".

Enfim, hoje trago uma enorme gratidão por tudo que vivi, pelo amor de Deus derramado em profusão sobre nós, em todo tempo. E mesmo nos momentos em que não entendi, tão pouco gostei do que aconteceu, sei que o Senhor estava comigo, me sustentando e amparando. Sei que Ele me ama, corrige, exorta e nunca me deixará. A alegria da Sua presença precisa ser maior que as circunstâncias, por isso sigo me exercitando e aprendendo a cada dia.

O propósito desse capítulo é honrar e testemunhar o agir de Deus em minha vida. Além de convidá-lo(a) a render-se a Deus e sentir-se profundamente amado(a) por Ele. Simplesmente porque somos filhos(as) amados(as), sonhados(as) por Deus. Deixo para você um convite: mais que seus méritos, reconheça o seu valor e tome posse da promessa de Deus em sua vida.

"Mais que seus méritos, reconheça o seu valor e tome posse da promessa de Deus em sua vida."

Solange Nage